U0476995

梦山书系

学校品牌与建设策略

潘怀林◎著

海峡出版发行集团
THE STRAITS PUBLISHING & DISTRIBUTING GROUP
福建教育出版社

图书在版编目（CIP）数据

学校品牌与建设策略 / 潘怀林著. —福州：福建教育出版社，2015.3

ISBN 978-7-5334-6701-2

Ⅰ. ①学… Ⅱ. ①潘… Ⅲ. ①学校管理－研究②师资培养－研究 Ⅳ. ①G47②G451.2

中国版本图书馆CIP数据核字（2014）第287517号

XUEXIAO PINPAI YU JIANSHE CELUE

学校品牌与建设策略

潘怀林 著

出版发行 海峡出版发行集团
福建教育出版社
（福州梦山路27号 邮编：350001 网址：www.fep.com.cn
编辑部电话：010-62027445
发行部电话：010-62024258 0591-87115073）

出 版 人 黄 旭

印 刷 福州万达印刷有限公司
（福州市仓山区橘园洲工业园仓山园19号楼 邮编：350002）

开 本 720 毫米×1000 毫米 1/16

印 张 11

字 数 153千

版 次 2015 年3 月第 1 版 2015 年3 月第 1 次印刷

书 号 ISBN 978-7-5334-6701-2

定 价 28.00 元

如发现印装质量问题，请与读者服务部（电话：010-62024258）联系调换。

前　言

20世纪90年代以后，各发达国家纷纷实施以提高教师素质为核心的新一轮教育改革，极大地促进了教师专业化的发展进程。各国教师专业化发展的主要途径有职前培养、入职帮助、在职进修等。例如，澳大利亚政府十分重视对新教师的入职帮助，形成了以校本入职培训为主的入职帮助制度以稳定教师队伍。在促进教师专业化发展方面，各国的教师专业自主性存在显著差异。法国控制了教师培训机构的设置、统一考试制度和教师资格的授予；日本在教育决策权上，其民主化程度很高；英国把教师培训权和资格授予权交给了教学专业议会，强调教师的专业自治权；美国教师的在职培训通过“高校为本”“PDS学校”“校本培训”等多种模式展开，突出教师的专业自主。

近年来，为了提高学校教师的专业化水平，我们开展了“新形势下教师队伍发展建设的战略研究”的课题研究。我们选择天津市塘沽区第十五中学的100位教师作为研究对象，从学历结构上看，研究生学历10人，占10%；本科学历88人，占88%；专科学历2人，占2%。从职称结构上看，高级教师30人，占30%；中级教师54人，占54%；初级教师16人，占16%。从年龄结构上看，30岁以下31人，占31%；31—40岁52人，占52%；41岁以上17人，占17%。这些数据显示，教师队伍已经趋于年轻化，其共同特点是都具有较高的学历和资质。通过对课题的研究与实践，教师的专业化水平得到了提升，教师队伍的建设取得了阶段性的成效，使学校的教育教学质量得到了明显的提高，学校有了较好的声誉。

“教师专业化发展的校本管理策略研究”就是从学校自身的校情出发，从学校教师自身专业化的基础、需求出发，立足校本管理，通过实施校本管理的各种有效策略，达到提高学校教师专业化水平的目的。教师专业化包括精通专业知识，精通教育学、心理学、教学法以及相关知识。校本管理策略包括激励策略、培训管理策略、榜样示范策略、科研引领策略和评价管理策略等。

教育大计，教师为本。教师是所有教育教学改革的关键。一种教育教学改革，如果没有触动教师，没有带来教师观念的更新、角色的调整、方式方法的改变，那么，这种改革就很可能是外在于学校、外在于课堂的，从而也是外在于学生的。

教师的专业化发展是当前国内外教育改革与教师教育研究的前沿领域，并日益被视为学校可持续发展与改革的钥匙，“教师专业成长是学校教学改革的中心，并将最终成为一个国家的教育改革与发展之核心。”在学校中，没有教师的发展，难有学生的发展；没有教师的解放，难有学生的解放；没有教师的创造，难有学生的创造；没有教师的转型，难有学校的转型；没有教师的品牌，难有学校的品牌。事实上，没有教师对变革的认同和实践，任何变革都会丧生于课堂门外。所以，作为学校的领导者，要把变革教育、引领教师向新的专业方向发展、形成新的教育智慧作为学校品牌建设所关注的焦点，因为这是教育教学改革包括课程深化改革的基础。

经过多年的不断探索，我们形成了品牌建设与教师专业化发展的八大发展策略，其分别为：第一章，师德建设策略；第二章，教育科研策略；第三章，教师评价策略；第四章，校本教研策略；第五章，校本培训策略；第六章，静心研究策略；第七章，研磨课堂教学策略；第八章，自主发展策略。希望本书的出版对新时期学校的发展与建设有所裨益。同时，由于时间紧凑、水平有限，本书不足之处在所难免，恳请读者以及各位专家批评指正。

目　录

第一章
师德建设策略

教育发展，教师为本；教师素质，师德为本。教师是学生成长的引路人，教师的思想政治素质和职业道德水平直接关系到学校德育工作状况和学生的健康成长。师德建设是教师专业化发展的首要内容，是教师专业化发展的灵魂。加强师德建设是教师专业化发展的永恒的主题。特别是在市场经济体制下，我们更应该加强师德建设，提升教师的人格品位。如果教师失去了为师者的风范，甚至失去了道德的底线，这样的教师就不可能教好学生，而且会成为学生成长过程中的障碍，最终会影响学校的发展。

胡锦涛同志在全国优秀教师代表座谈会上指出："要坚持育人为本，德育为先，把立德树人作为教育的根本任务，努力培养德、智、体、美全面发展的社会主义建设者和接班人。"毋庸置疑，立德树人的关键取决于教师的素质和师德风范。因此，加强师德建设是教师队伍建设的首要工作，是提高学校办学水平的先决条件。师德建设，一方面要通过学习提高教师的自我约束力，另一方面要通过完善健全制度提高整体的约束力，再一个方面就是要通过考核评价去体现德高为师的价值观。

第一节 用先进理念提升师德

教育本质上是一种培养人的社会活动。教师要树立先进的教育理念，充分发挥学生个体的主观能动性，鼓励学生积极主动地学习和参与社会实践活动，使学生的潜力得到充分发展。教师是以灵魂塑造灵魂的工程师。教师的世界观、人生观、价值观引领着学生的发展。因此，必须非常注重教师师德素养的提高。这种提高首先是通过理论的学习来达成的，学校必须重视理论学习，通过理论学习来提升教师的理念。每周都要为教师安排理论学习的固定时间。每个寒暑假都要安排3-5天集中学习培训，采取“集中学与个人学相结合，专题辅导与写心得笔记相结合，学习与讨论相结合”的办法，组织教职工系统地学习思想政治理论，学习党的路线、方针、政策，组织全校教师学习、讨论《教师法》《教育法》《义务教育法》《未成年人保护法》以及《中小学教师职业道德规范》《教师违反职业道德行为处理规定》等法律法规。学习后，每位教师要写出相应的反思及体会，以更好地提高教师对师德师风建设工作的认识。通过学习使他们树立为教育事业长期艰苦奋斗的思想，增强教师的师德意识和责任意识，增强法制意识和教师依法执教的自觉性，使每一位教师都能以良好的职业道德形象、饱满的热忱投身到教育教学工作之中。

也可以聘请专家教授来学校讲座、讲学，更新教师的教育观念，还可以走进强校进行实地学习取经，并坚持做到学以致用，结合普通学校的校情，正确定位学校的办学理念。教育观念的更新使老师们着眼于全体学生的培养，着眼于学生的全面发展，着眼于学生的全程管理，着眼于全员育人作用的发挥，使教师们的育人能力得到普遍增强。

第二节 以制度建设促进教师践行师德规范

根据学校实际和教职工的特点，学校先后制订并完善了师德规范、加强教师职业道德建设的具体要求、文明办公室要求、每周升旗仪式规定等一系列规章制度。这些制度的建立，无疑让教师们找到了行为准则，有效地约束了教师职业道德行为。

学校先后制订了《全员育人考核方案》《教师师德考核方案》，保证了教师职业道德建设不走过场。我们对教师师德评价全过程是在民主评价中去实现师德建设的制约机制。其一，组织全体教师对照《中小学教师职业道德规范》和《塘沽十五中师德规范》，实事求是地展开自评；其二，以年级、处室、学科组、备课组为单位，召开师德评议会，展开互评；其三，通过问卷调查或召开学生代表、家长代表座谈会来民主评议师德情况，并及时向教师通报；其四，学校师德建设领导小组依据日常行政值班的真实记录，对每位教师进行师德评估。同时，学校在评估的基础上作了两项规定。一是凡违反《中小学教师职业道德规范》和《塘沽十五中师德规范》的教师，在评先评优和职称评定中，均实行一票否决制。学校接到家长或教育局举报我校教师违反职业道德的投诉，均作调查，并以书面形式向区教育局上报调查结果（情况属实的附处理意见）。学校把教师的师德情况列入学校教师年度考核标准之中，凡师德师风存在严重问题的教师，年度考核均为不称职，经教育仍不思悔改的，作出相应的处理，并记入个人师德档案。二是把师德评估情况作为教师评聘、晋级、奖励的重要依据。对于师德高尚、业务精良、学生爱戴的教师在评优评先工作中给予优先考虑。在这种评建结合、以评促建的师德建设中，完成解读——约束——管理——评价这一全过程，它的真实有效性，极大地鼓舞了教师，促使教师主动养成良好的职业习惯，努力追求师德价值观，共同走在师德良性发展的路上。

学校专门成立了以校长为组长，党政工团及各学科主任为成员的

“师德师风教育工作小组”，并责成办公室直接督查师德建设工作。师德建设组织机构的建立，不但发挥了党团员的模范带头作用，而且形成了齐抓共管、各有侧重的管理局面，营造了“讲学习、讲政治、讲正气、求上进”的教师人文环境氛围。

一、抓好典型示范

开展“师德标兵”评比，“感动十五”的组长说事活动，“我身边的感动”演讲比赛等活动，注意挖掘带有普遍意义的好思想、好作风、好经验、好做法，实事求是地挖掘师德模范的真人、真事、真心、真情，大力弘扬师德先进典型，并运用多种形式加以宣传推广。每学期开学的第二周，学校规定为“师德风范周”。要完成三项内容：①组织全校性会议进行“师德风范周”开周仪式。进一步认识教育、教师两个关键词；重温与师德有关的法律法规；总结上学期师德风范进展情况；表彰师德风范的典型人物及事迹；公布校级师德标兵、管理标兵及服务标兵；根据存在的差距提出改进意见。②倡导教师把最佳的师德风范展示给学生。③由德育处组织各年级召开“感恩师德回报学校”师生现场交流对话年级会。除此之外，学校要求校园文化研究室在教师节之前做好师德宣传报道工作，利用学校发展建设展牌，开辟“师德楷模园”栏目，宣传教师先进事迹。利用校报“责任与成长”版面宣传报道师德风范。珠联璧合的宣传活动，使教师的师德水平节节提升，教师队伍整体风貌积极向上。我校的师德标兵孔德俊老师参加了“天卉中学杯”第六届全国中小学教师演讲比赛获得优异成绩。

二、抓好党员带动工作

党员的先锋模范作用在师德建设中尤为重要。在学校党员中开展“以党风带教风、以党性铸师魂”主题教育活动，树立“一名党员就是一面旗帜”的引领示范作用，以自己的模范行动带动广大教师。党员带教活动，促进了我校师德建设的健康发展。

第三节 以自觉精神引领师德成长

教书育人是每个教师应遵守的重要准则，是人民教师对社会、对学生应尽的神圣职业义务。同时，教书育人是一种特殊的教育劳动，是一种深入学生内心的、形式千变万化的、外界难以直接监督的自觉劳动，是一种极为细致复杂的艰辛的劳动。要把教书育人转化为教师个人的内心要求和自觉行为，在很大程度上依赖于教师个人的师德觉悟和思想境界。因此，学校必须注重对教师的思想引领，不断地引导教师对学生前途关心、对学生一生负责，以社会主义新思想、新道德、新观念教育青年一代。特别是要注重引导教师发挥课堂主渠道育人的功能和为人师表的作用，把德育工作渗透到教育教学的全过程。

一、要注重校园环境建设

校园环境是师德建设的外在表现，对教师的言行起着无声的制约作用。因此，我们十分重视师德建设园地，用22块展牌呈现了三个主题。一是学校对社会的公开承诺和学校办学的总体目标，明确指出了办学方向；二是学科组、年级组建设，展示了9个基层团队齐头并进地发展、团结、奋进、忘我工作的敬业精神和不同的工作特色；贴在展牌上每一位教师的照片，不仅体现了学校整体以及各团队积极向上、和谐共事的关系，更给师生传递着一种自信和相互勉励的力量；三是教师队伍的发展建设，展示了近年来一所普通学校所涌现出的一批骨干教师。“教坛英才谱”谱写着25名区级骨干教师的事迹，“德育楷模园”彰显着17名区命名的“师德标兵”的形象。在教师的辛勤培育下一批又一批最优秀的学生也展示在校园里，成为了在校学生的榜样……浓郁的文化气息也起到了“润物细无声”的育人功效，学生在潜移默化中获得了文化营养，教师在熏陶渐染中完善了道德品格。

二、师德建设重在实践

让师德建设在活动中得到展示，是教师亲身践行良好师德的集中体现。通过全体教职工签订《教师承诺书》，使老师们更加深刻地认识到自己的使命；通过组织“教育教学开放周”活动，鞭策教师认真履行师德行为标准；通过开展“爱生月”活动，使教师走进每位学生心灵，关爱每一位学生，尤其关爱那些在学习、行为表现方面暂时落后的学生。通过开展“文明学科组创建活动”使师德规范成为他们自觉遵守的行为准则。通过开展“我们是一家人——师生亲情互动”活动，不断激发学生的感恩情怀，不断唤醒教师的爱生情结。通过开展“老带青手拉手”活动，老教师的师德风范感染激励着青年教师茁壮成长……。这些活动的开展，使教师们从中感到：教育事业不仅仅是一种牺牲和付出，在牺牲和付出的同时，也感受到了幸福与快乐。

在师德建设过程中，要以提高师德素养为目标，以践行师德规范为着力点，以师德建设长效机构为保障，强化师德建设工作，使学校办学水平在良性的轨道上不断前行。

第二章

教育科研策略

“科教兴国”是我国的重要发展战略之一。学校教育承担着培养具有创新精神和实践能力的人才的重大使命，它需要教育科学的支撑。在现代社会，学校教育已成为理性的活动，仅靠经验已不能完成高素质人才培养的使命，教育科研是现代学校教育工作不可缺少的重要手段。教育工作是艺术，更是科学。它离不开科学理论的指导。2001年发布的《国务院关于基础教育改革与发展的决定》中指出：“基础教育是科教兴国的奠基工程，对提高中华民族素质、培养各级各类人才，促进社会主义现代化建设具有全局性、基础性和先导性作用。”要“积极开展教育教学改革和教育科学研究”，“广大教师要积极参加教学实验和教育科研”。只有深入地学习现代教育科学理论，并切实地去指导教育教学实践，教育科学研究才能转化为教育教学的高质量、高水平、高速度、高效率。通过教育科研提升学校的品位，促进教师的专业化发展，应该说已经成为我们的共识。

教育科研对提升教师的专业化水平，提升教师的反思能力，促使教师成为研究型教师的作用很大。我们既要注重教育科研中的大课题的研究，又要注重小课题的研究。要注重研究的真实性，要以教育教学中遇到的“真问题”为研究内容，以解决实际问题为目标，着力解决教育教学中的难题，实现教育教学发展的创新。我们要在工作中研究，在研究中工作，教师即研究者，教室即实验室。

第一节　让科研成为一种习惯

教育科研促进教师素养的提高，促进教师的可持续发展。教育科研应成为教师工作的习惯。几年来，我们始终遵循“科研兴校、科研立校、文化立身、名师强校”的思想，充分发挥教育科研的先导作用，坚持教育科研的服务、交流、研究、指导、管理五大职能，坚持科研与教研相结合，专题研究与一定范围内成果推广相结合的工作方向，以全面提高学生素质，提高教师专业素质为最终目的。教育科研已经成为教师的一种习惯。

一、建立教育科研的网络化体系

教育科研的网络体系主要有三层。第一层是“核心体系”，处于教育科研管理和实践的“领头羊”位置，并担任重要课题的研究工作。第二层是“骨干队伍”，由从事教育科研实践活动中选出的优秀教师组成，在群体性教育科研活动中起带头、引领作用。“骨干队伍”不但在实际工作中指导把关，更是市、区级课题的课题组成员，并且参与教师课题的评估。第三层是“群体队伍”，所有教师都必须参加教育科研活动。为了保证教育科研网络化体系的有效运行，我们首先在制度上保证了教育科研的地位，把它作为一项全校教师的基本功来评估，在教师的业务考评指标中占有一定的权重，是评选先进教师等一系列荣誉称号的必备要求。我们还根据不同类别的教育科研成果的含金量和获得的难易程度制订了相应的教育科研成果奖励系列方案，在财力非常紧张的情况下，仍拿出大量资金重奖在教育科研方面取得成果的教师，以此鼓励教师参与教育科研工作。

二、以科研管理为重点，开展“群众性”教科研工作

第一，抓规章制度的建设。为保证科研工作顺利、有序、高效地进

行，我们修订了《塘沽第十五中学教育科研管理制度》《课题组研究人员职责》等规章制度，为教育科研工作的开展提供了制度保障。在学校的三年规划中，教科研工作也被放到了十分重要的位置上。我们修改完善了《塘沽十五中教育科研管理办法》《塘沽十五中教研组长职责》《塘沽十五中教科研奖励办法》等相关制度。教科研做到学期有计划，期末有总结，形成了教育科研管理从选题、论证、立项、申报到课题研究的中期、后期检查指导和成果申报、鉴定、课题发布等较为系统的、操作性强的全程管理制度。

第二，抓队伍建设。学校加强了教育科研组织机构的建设，组建了科研处，完善了激励机制，进一步规范了过程管理，做到一题一档，明确职责。课题负责人对课题研究的开展进行全面调控，并从各方面提供支持和帮助；学校教科研领导小组其他成员负责检查、督促、指导课题的全面实施；各课题组长具体负责课题的开展及档案的管理工作。做到分工明确，职责到人，为课题研究的顺利实施打下了良好的基础。

第三，抓教研组长队伍建设。教研组长是学校开展教育科研工作的得力助手，他们在学校科研处的指导下工作。组长的科研素质直接关系到学校教科研工作的质量，关系到教育教学成果的水平。我们坚持定期对教研组长进行培训，请优秀的教研组长介绍经验，到先进学校进行参观学习，召开课题观摩研讨活动等，创设相互学习、交流、反思、研讨的氛围。

第四，抓过程管理。在过程管理工作中，我们本着以课堂教学为依托，以课题研究为载体，以解决问题为目的，以服务为宗旨，充分发挥广大课题研究者的积极性，使研究者从幕后走到台前，提高研究者的研究水平，从而提高课题研究管理工作的质量。首先是将研究中心下移到教研组，以学校工作中教师在教育教学中遇到的各种具体问题为对象，以教师为研究主体，以改进教育教学为目标，以行动研究为主要方式，以专业引领为催化剂。课题研究和教育教学工作紧密结合，突出课题研究在课堂教学中的实践功效，倡导教科研课题不离开课堂教学这个中心环节。用教育科学的理论、方法、技术去审视、指导教育教学实践，将教育教学经验上升到理论的高度。其次是突出过程管理。要求教科研工作要有总体规划，以教科研推动学校工作的整体优化服务为宗旨，课题研究要有具体目标；要建立各级课题档案，每学期按实施进程写出计划和总结，中期课题实施工作评估总结，及时校正实验方案，确保实验目标的达成度。在课题研究过程中，方案要根据实际不断地进行调整和完善，加大中期检查和评估力度。开展个案研究交流研讨活动，对重点课题进行跟踪管理等。

第五，抓教科研方法的普及。我校采用“走出去、请进来、自挖潜”这几种形式，加大了对骨干教师教科研培训的力度。根据教师的实际情况和培训专家联系具体培训事宜，设计培训内容，确定培训方式。内容包括：教育科研发展动态、课题的选择与论证、调查问卷的设计、现代教育技术知识、课改理论、论文撰写及成果表述，等等。既有教科研理论及方法讲座，又有先进的课改理念传播。这些都促进了教师科研素养的提高。

第二节　务实的研究文化是教师走向教育科研的基础

学校搞教育科研，不是搞形式，不是搞花架子，也不是为了装门面。它的基点在于造就一支具有较高素质、较高水平的师资队伍，进而推动学校的教育、教学等各项工作。作为学校，不能盲目地追求课题立项的级别和数量，而应根据学校不同发展时期的需要，在充分调研的基础上确定学校的研究课题，课题研究的过程应该成为促进学校发展的过程，也可以说是学校的办学特色不断形成的过程。要努力创设务实的研究文化，这是教师走向教育科研的基础。

首先，校长要成为教育科研的引路人。搞好教育科研工作，校长是关键，校长必须身先士卒，率先垂范，带头搞科研，具体地参与到科研工作中去。这样，校长才能真正成为教育科研的领导，教育科研的组织工作才能有实效。校长要成为教育科研的引路人，就必须抓住一切机会去学习，使自己对教育科研工作有一个正确的认识。深入课堂、聚焦课堂，抓好对教育教学工作的引领永远应该是校长的“主科”。脱离课堂、不抓教育教学的校长不是称职的校长。校长只有经常深入到课堂中，深入到学生中，才能发现教育教学中的真实问题，也才能针对问题进行课题研究，才能真正做教育科研的引路人。作为校长，既要做教育科研的管理者，又要做教育科研的实践者。作为教育科研的管理者，我们成立了教育科研工作领导小组，校长亲自挂帅指导教育科研工作。由一名副校长专门负责这项工作，同时成立科研处，组建一批专兼结合的教科研队伍，具体落实教育科研的各项工作。学校积极地为教师提供教育科研的良好环境，并在制度上、舆论上鼓励教师进行教育科研活动。作为教育科研的实践者，校长要积极参与、身体力行、率先垂范，不当挂名领导，亲自承担课题研究。校长不仅要重视组织领导，还要重视对教育科研的过程管理。我们建立了每月一次专门研究教育科研工作的例会制度，使学校教育科研工作有组织、有步骤地顺利进行。

其次，校本研究要课题化。课题研究在促进教师专业化发展方面的作用已经被大多数学校管理者认可，各校也非常注重课题立项的级别和数量。但我们需要反思的是，课题立项后学校是如何实施的？实施的过程是否真实可靠，是否解决了教育教学中的实际问题？课题实施后发挥的效益如何？实际上，不少课题结题后都被搁置一边，结题鉴定后一般就不再继续研究了，甚至有些课题只注重立项和结题，结题时的各种佐证材料经不起推敲，忽视中间实施过程，投入与产出不成比例，造成重大的资源浪费。这就需要学校管理者进一步深度思考，学校为什么要进行教育科研？怎样进行教育科研？教育科研的真正目的是什么？如何对教育科研的实效性进行有效的评价？其实，中小学教师搞教育科研的根本目的就是为了解决教育教学中的实际问题，最终应定位在提高课堂教学的效益，促进教师和学生的发展上。校本研究有没有生命力，能不能持久地进行，与研究的方式密切关联。我们十分注意将教育教学过程中的典型问题、典型矛盾引进课题，采用“问题即课题”的教育科研选题思路。我们坚决抵制教育科研工作中的名利主义、形式主义和“假、大、空”的倾向，做到教育科研“真实显功力，平淡见崎岖”。我们提倡淡一点理性提升的色彩，浓一点求真务实的真功夫。在价值判断与导向、方法论等宏观决策上确立“求真务实、研以至用”的教育科研价值观，使之在揭示教育规律、运用教育规律办学治校、促进教师发展的实践中切实起到、起好指导作用。我们要求学校课题研究必须结合教育教学实际进行，必须重视课题研究成果的应用价值，使课题研究切实沿着源于实践、指导实践的轨道健康发展。力求通过校本课题研究，促进教师成为研究型、专家型教师。学校管理者必须把好教育科研的选题关。对那些为了解决教育教学中的实际问题而立项的课题必须给予大力支持，而对于那些与课堂教学脱节的课题或只是为了搞课题而搞课题，要坚决抵制。

第三，要建立科学的教育科研评价机制。学校教育科研水平的高低，不是简单地看科研立项的级别、科研立项的数量，重要的是课题的研究是否真正解决了教育、教学实际中所遇到的具体问题，形成的成果能否被大家认可，能否在更大的范围内具有推广价值，能否有效地指导教育教学。所以，我们非常明确地提出，凡是那些为了解决教育教学中的实际问题而立项的课题给予大力支持，投入多少都不为过；而对那些与课堂教学脱节的课题，只是为了搞课题而搞课题的坚决不予支持，投入一分钱也觉得不值。对参与课题研究的教师在不同阶段取得的专项研究成果根据其含金量分别给予不同程度的专项奖励，对那些真正从事教育科研的人员、确实取得对教育教学有借鉴意义的成果应给予重奖。只有这样，才能不断地引导教师把日常的教学行为与自身的专业成长结合起来，与课题研究结合起来，与积极投身课程改革结合起来，实现以研促改，以改促新。

第三节 教学就是研究

教育科研的主阵地在课堂上，没有课堂教学的实践，只能是纸上谈兵，不可能产生实际效果。教育科研只有土内生根，植根于一线教育实践，才能真正提高教育的科研含量。我们以教学改革和课程改革为科研的核心导向，使科研工作走进课堂，走进新课程。我们积极创设科研工作化、工作科研化的氛围，引导教师树立“教学就是研究”的理念。我们围绕课题开展了相应的课堂教学竞赛活动、说课比赛活动、教学设计方案评比等活动。学校积极给教师们搭建平台，举办相应的研究课及不同层次教师的优秀课竞赛活动，如首席教师、学科带头人、骨干教师展示课，青年教师研究课，进行“优秀教学设计方案、学案，优秀试卷，优秀课件，优秀教学案例，优秀作业设计，优秀论文”等的评比交流，举行说课、读书论坛等活动。让教师们在这些活动中反思自己的课堂教学。通过这些活动的开展，让教师们磨砺自己的教育教学基本功，在全体教师中形成“比”“学”“赶”“帮”“超”的浓厚氛围。同时，学校把在各级、各类、各项教学评比中获奖的优秀论文、课件等结集出版，并在校园网上发布。对有重要指导意义和借鉴意义的教学成果，还通过召开各类交流会进行更深层次的研讨，以此促使教师之间相互交流。通过引导教师写教学反思，写理论学习随笔，编写教学反思集、教学案例集、理论学习随笔集等不断提高教师的教育教学研究能力。为了督促教师自觉地进行教育科研并使教师真正地走进教育科研，我们向教师提出了“5个1”和“4个2”的具体要求。我们通过改革备课方式，探究使用集体备课下的共享教案，科学使用学练卷，抓各种业务比赛，进行同课异构、读书沙龙等活动，促使教师成为研究型教师。

在学校里，校长要创设“科研即工作，工作即科研”的氛围，提倡教师写教学后记、个案分析、教学反思，引导教师结对帮扶、相互听课、相互交流，开展专题讲座，鼓励教师读书读报。校长要真正走进校本教研，既要成为教学的研究者，又要成为教研的组织者，这样才能使学校成为一个研究性的群体。学校建立了学术委员会，把各个学科中业务扎实、具有一定理论水平和实践能力的优秀教师集结起来，成为学校里学术研究的“权威”组织，以充分发挥他们在课题研究、论文评选、学术论坛、优秀课评比中的作用。学校的各类教育教学评比不单纯由学校领导说了算，而是由学术委员会中的成员集体评议决定，这样就有效地保证了各类评比的学术性和权威性，有益于创设良好的学术氛围，也使这些人才资源得以充分发挥。事实上，有些教师虽然没有从事过领导岗位，但他们的才能却不能否定，不能认为只有从事领导岗位的才算成功。发挥这些优秀人才的作用正是校长应该努力做的工作。正如比尔·盖茨说：管理的艺术就是在不使人们变成经理的前提下提升他们。世上没有垃圾，只有放错了位置的财富。一个聪明的领导者的重要任务，就是去寻找那些放错了位置的财富。

第四节　发挥专家的引领作用

学校一直把教科研工作当成“一把手工程”来抓。建立了“核心体系”“骨干体系”“群体队伍”的三层网络体系。学校还对全体教师提出了“七静三品四用”的要求，以使老师们真正静下心来走进教育科研。“七静三品四用”是指“静下心来上好每一堂课；静下心来批改每一本作业；静下心来与每个学生对话；静下心来研究教学；静下心来读几本书；静下心来总结工作规律；静下心来反思自己的言行和方式。品味师生的情谊；品味工作的乐趣；品味生活的幸福。用智慧启迪灵性；用人格陶冶情操；用爱心浇灌希望；用汗水哺育未来”。但搞教育科研光有想法远远不够，勤奋的双脚要走在正确的道路上。学校的长远发展需要精干的教师队伍，为此，学校开始了系统规划。

一、请名家培植教师信心

学校的可持续发展，必须有一支精锐的教师队伍作支撑，素质教育更离不开高素质的教师，而高素质的教师需要高水平的专家指导。学校清晰地意识到：校内有一部分老师教学经验丰富，但要提高水平，必须有更具经验的专家、学者指点。所以，学校数次请到天津市教育科学研究院基础教育研究所所长王敏勤教授来校指导。王教授的指导开阔了老师们的视野，坚定了老师们搞好教育科研的信心。后来学校又邀请了中国教育学会、天津教育学会、天津师范大学和天津教育科学研究院的多位专家莅临指导，还有大家熟悉的本地区的专职研究员、特级教师、市内及外省市的名师等。各位专家学者的思想、方法和对我们的引领与鼓励，使我校教师以更大的热情和更坚定的信心投入到教学与科研当中去。

二、访名校历练教师队伍

为引领教师思想，学习先进经验，让老师们了解全国如火如荼的教育改革。近年来，学校多方联系，克服经费不足等难以想象的困难，组织全体老师到课改实验走在全国前列的山东省邹平县魏桥实验学校、九户中学学访，后又组织部分教师对杜郎口中学进行学访。两次学访极大地开阔了老师们的视野，更坚定了老师们的信心：山东的许多学校硬件设施不如我们，人家能做好，我们也一定能做得更好。趁热打铁，学校又派多位教师去江苏宜兴实验学校学习“整体建构、和谐教学”的成功经验。虽然老师们坐了十九个小时的硬座火车，身体劳累异常，但肩负着学校领导的嘱托和全校老师的希望，一下火车疲乏便一扫而空，半小时后即精神抖擞地进入课堂。三天如饥似渴的学习，使老师们有一种脱胎换骨的感觉。此时三位教师才深刻地理解了"固步自封等于灭亡，原地踏步就是倒退"这句话的真谛。回校后他们向全体老师谈体会，展示照片和材料，交流收获，号召老师们积极参与到教科研当中去，大家反响热烈。随后，学校又派王守娟等11位老师去河南安阳学习交流，并争取让六位教师现场说教材，得到了来之不易的展示和历练机会。我校张丽芬老师在大港二中参与了全国六省市教学研究课，得到了与会专家学者的高度评价。回来后张老师感慨地说："人生的最大价值就在于自我实现，这次活动让我坚定了跟着学校走教改之路的信心。"几年中，我校先后派教师外出学访380余人次。六次参加全国性展示比赛的张睿老师深有感触地说："是校长的追求给了我展示的舞台，是这个舞台给我提供了进步的动力。"一系列走出去、请进来的举措，使老师们更加真切地体会出：只有真正地投入，才能理解课改的深刻含义。近两年，我们又参加了两次全国"和谐杯"说教材大赛、北京四大流派教学展示、全国首届和谐杯"我的模式我的课"高效模式博览会，都取得了优异的成绩。

三、走教学科研结合之路

教育科研的主阵地是在课堂上，没有课堂教学的实践，只能是纸上谈兵，不可能产生实际效果。为此，我们确立了以教学改革和课程改革为核心的科研导向，使科研工作走进课堂，走进新课程。我们围绕"整体建构和谐教学"这一课题，开展相应的课堂教学竞赛、说课比赛、教学设计方案评比等活动。这些活动都使课题研究在课堂教学中发挥了积极的作用，也取得了一定的成效。如我校张莉芬老师参加了天津市说课比赛，获得市级二等奖；参加了全国六省市"整体构建和谐教学研讨会"，所做的公开课受到了与会专家的肯定；多次参加优秀课展示、曾获得中国教育学会第23届年会录像课一等奖。有多篇论文获各级大奖的年轻教师张冬艳深情地说："鸟随鸾凤飞腾远，人伴贤良品自高。我每一次成绩的取得绝非我一人之力，它们都饱含着领导的耐心帮助，专家的热情点拨。”教科研与教学实践的结合，激励了一批青年教师迅速成长，勇担重任。

通过教育科研活动的开展，确实促进了教师的专业化发展，扩大了教师现代教育信息的接收量，锻炼了教师的思维品质和意志品质，提升了教师对语言文字的驾驭能力和相关的迁移能力，使他们积极地向学者型教师靠拢。诚然，教育科研是一项艰苦的工作，教育科研工作要向纵深发展，还必须不断地探索教育科研工作的激励机制和管理机制，方能真正发挥教育科研在教师专业化发展方面的作用。多年来，我们一直坚持请进来、走出去的战略，请教科室的专家指导我校的教科研工作，请教科院的教授来我校进行专题讲座，派骨干教师出去考察学习，派参与课题的老师去教科院聆听大师们的精彩报告……另外，学校在财力紧张的情况下，为教师拨专款购买理论学习用书，订购有关教育教学刊物。定期组织报告会、研讨会进行理论学习交流。校内编辑出刊校本培训学习资料，组织开发校本课程。通过这些活动的开展，学校的教育科研气氛日益浓厚，工作的开展也越来越顺利，教育科研水平也逐渐提高，教科研成果也逐渐增多，且获奖级别也越来越高，教师的教育科研积极性得到了极大的发挥。

四、建立教育科研独立机构

学校的教育科研工作能否落到实处，能否抓出实效，能否考虑学校的可持续发展，关键在校长的重视程度。作为教育科研的实践者，学校领导都积极参与、身体力行、率先垂范，不当挂名领导，亲自承担课题研究，成为教育科研的引路人。不仅重视组织领导，还重视对教育科研的过程管理。每位校长承担的课题都吸引了大部分一线教师的目光，也带动了一批教师参与实践。课题的研究过程、结题准备的过程，给更多的老师以鼓舞和指导。学校还成立了教育科研工作领导小组，校长亲自挂帅指导教育科研工作，由一名副校长专门负责，同时成立科研处，组建一批专兼结合的教科研队伍，具体落实教育科研的各项工作，同时建立每月一次专门研究教育科研工作的例会制度，对学校的教育科研工作进行有效管理，综合调控。由于学校领导重视教育科研，亲自抓教育科研，再加上教师的投入，使我校的教育科研工作始终有组织、有步骤地顺利进行，目前已初见成效。我校任课教师都参与在课题研究之列，我校四项天津市教育科学规划课题，经过课题组教师们三年的努力，均已结题，并获得了天津市教育科学规划办专家组A级鉴定。每个课题的带动辐射作用都为学校“十二五”课题的开发打下了扎实的基础，成为学校一笔重要的精神财富。

五、抓专题培训提升理念

我主持的课题《分层教学模式的研究》获得天津市第四届基础教育教学成果一等奖后，学校科研处就着手课题成果的推广筹划工作。学校以此为契机，全面推开了“高效课堂”教学的探索与实践。我们深知教科研成果只有与教学相结合才会焕发第二次生命，为此我为全体教师做了三次专题讲座。

①突出“一种理念”作为支撑——课堂教学必须贯彻分层教学思想和整体建构思想。

②采取“一项措施”作为载体——“学练卷”承载教学分层。

③探索“一种教学模式”作为实践——“学练议”教学模式打造高效课堂。

进而我们开展了说课标、说教材活动，把整体建构和谐教学思想与分层教学理念相结合，大大提高了教师驾驭教材的能力。为了帮助教师提高“学练议”教学模式的操作效果，科研处每个学期都组织老师在不同的学科开展“教改大课堂”活动，在“同课异构”“同科异课”的交流中，教师的教学个性、风采与当代教育思想使“分层教学”的实践得以充分的展示。分层教学模式的全面推广，取得了丰硕的成果，引起了上级有关部门的关注。在我校承办的全国性的办学成果展示会上，我校的24个教学班的课堂全部开放，广泛接受来自外省市及本地区教育专家代表的指导，引发了国内同行的强烈反响，获得了极高评价。

第五节　发挥同伴互助的作用

学校始终认为：形式是为内容服务的，教学与科研应该是一体双生的，即“教学科研化，科研教学化”。课堂教学是实施素质教育的主阵地，优化教学方法是课程改革重要又迫切的课题。教师是课堂教学活动的设计者、组织者和指导者，搞好教学科研对提高教学质量，抓好学校管理，全方位贯彻学校的办学思想有着深远的影响。基于此，学校领导全程跟踪校本教研，加强监控和指导。

一、抓同学科研究

校长、主任跟踪，学科主任引领，同学科教师集体办公，全员参与，专题研讨。我们的目标是通过抓同学科教研，使不同层次的教师都有所进步。对于新教师，教学研究的重点是怎样把所学知识与教学实践结合起来，尽快完成角色转换，成为合格的教师。对于骨干教师而言，要从老教师身上吸取经验，从年轻教师身上吸收教育新观念，不断修正完善自己的教学思想和教学实践，打造自己独特的教学风格。对想成为学者型、专家型的教师而言，要通过教科院不断升华自己的成功经验，带动整个学校的教学发展，通过教科研，凝聚一批人、培养一批人、锻炼一批人。

二、抓同专题研究

我们的目标是通过同专题研究，有力而迅速地提高教学效率，教师在教育教学各方面不断获取新知识、新观念，改变传统的教师观，进行创造性教育，不断学习新的教学理论和方法，建立以校为本的教研制度，帮助同组其他教师逐渐具备自主进行教学和研究的能力。

不同形式的校本教研加快了我校教师自身的教学模式的转变。课堂在师生互动、平等参与、提倡学生自主学习、激发学生的学习主动性、鼓励学生大胆质疑等方面都有所改进。在此基础上，我们对教师面部表情、眼神、点头、摇头、手势、姿势等体态语言，以及教师说话的语气、语调、语速、音量、节奏等辅导语言也在逐渐的进行规范。以前，不少教师课堂教学气氛过于呆板、单调和严肃，教师摆着“老板”的面孔，学生处于紧张害怕或戒备、防御状态，很不利于学生的学习和发展。现在，有许多教师能以轻松幽默的话语，含笑的面容，耐心的态度，商量的口气给课堂教学带来和悦、可亲的轻松气氛。老师微笑的眼神使学生感到温暖，炯炯有神的目光使学生精神振奋，轻柔的动作让学生感到亲切。通过教学教研，教师们自觉地改正自己语言、行为、表情等方面的缺点，不断地完善自己，使课堂教学更完美，让“细节决定成败”的理念体现在最平凡、最常态的工作中。

三、抓学访交流研究

鉴于学校的工作性质，外出学习的时间毕竟有限，学校制订了“放眼本地区，向兄弟校学习”的策略，组织了多次学习交流活动。学校领导带领青年教师、骨干教师，先后十余次到塘沽十一中、六中、五中、二中、国际学校、外国语学校进行课堂观摩，学习兄弟校课堂教学的好方法。还与天津一中、开发区国际学校、山东魏桥实验学校、天津宁和造甲城中学、天津西青二中等十余所学校建立联谊校关系，确定相互交流学习的措施。尤其是天津一中优秀教师团队来我校对我们毕业班教学的指导，让老师们受益匪浅，促进了老师们的思想转变，感受到了差距，增强了对教改的认识，这比任何说教都有作用。此外，许多外省市的学访团队以及各级领导的视察，都对我校教师的思想及课堂教学水平的提高起到了较大的促进作用，也为学校的后续发展储备了能量。

四、抓常态教学研究

在素质教育新形势下，全面搞好教科研，注重教学的各个环节中教师的自我提升，对大幅度提高教学质量有着深远而重要的意义。教学研究只有基于课堂才能焕发生命的光彩，所以学校组织实施了“课堂教学常态监控”。在老师不刻意准备的情况下采取课讯形式随堂听课，以提高我校教师对常态课的重视和校本教研水平。听课后，检查教师的教案、流程本、学练卷、作业等，并和上课老师认真交流、反馈。这种方法提高了我校常态课水平，促进了老师新课改理念的提高，让“在变化中求发展”的理念成为全体教师的共识。学校以点带面，不断完善集体备课、校本教研的实效性，在实践中改进提高。每个学科的性质不同，日常教研的程序不完全相同，但主要环节是一致的。

五、抓专业自主研究

为了提高我校教师学习教育教学理论及专业知识的积极性，自觉钻研教材教法，探讨教育教学中的问题，变被动教学为主动教学，变课堂“主演”为课堂“导演”，形成教育科研一体化的学校目标，我们提出脚踏实地，低起点、高效益的要求。学校开展“五个一”工程，即上一节公开课、转化一名后进生、研究一个小课题、读一本教育专著、写一篇教育叙事。我们要求所有教师都要结合自己的课堂教学，针对急需解决的问题，设立研究的小课题，以此促进老师们的教学科研意识。活动的督促、理念的转变、实践的收获，伴随着教师不断变化的情感体验，教育科研慢慢走近了教学一线。当前，我校基本形成了“人人搞教学，人人做科研”的浓厚研究氛围，每名一线教师都有小课题，并在科研处备案。

通过课题的研究，老师们加深了对教材的理解。学生活跃的思维带给老师教学的新思路，拓展了教学的多种方法，也促使老师们对自己认为很熟悉的教学内容再整理、再认识。学生简洁、明了的解题方法，多种多样的解题形式给老师们提供了有价值的科研论文资料，使老师们能在报刊、杂志等教育媒体上发表自己独到的见解，为自己争得荣誉的同时，也提高了自己的业务知识。

通过各种不断的尝试，老师们感受到课题研究只有与课堂真正融合在一起才能相得益彰、熠熠生辉。渐渐地，把课题研究融入自己的课堂几乎成为每个教师的一种自觉行为，更让人欣喜的是教师们对课题的理解正在教学实践中不断地深入，围绕学校确立的“高效课堂”的总课题研究，各选角度，多点深入，结合自身实际，进行调整、反思和提升。

第六节　重点突破

基础教育阶段的学校搞教科研，老师们感觉心里没底，甚至有些老师不认可，认为太形式主义，是务虚的行为。但如果连形式都没有，怎么会有内容呢？在很多教师的眼里，往往感到日复一日的工作没有什么研究的价值，而忽视了身边的变化。老子说：“图难于其易，为大于其细。天下难事，必作于易；天下大事，必作于细。是以圣人终不为大，故能成其大。”能把简单的事做好就是不简单，能把平凡的事做好就是不平凡。做人不计小，做事不贪大。与其苦苦追寻缥缈的影子，不如脚踏实地一步一步前行。为打开老师们的心结，经过多次论证和教科院专家指导，我校将打造教学模式作为重点进行探索，确立教科研工作的突破口。

教学模式是学校课堂教学成熟的体现，它能体现学校的办学理念、办学特色，也能促进学校和教师的发展。在各级专家的指导下，我校结合生源的特点，将教学模式定位于分层教学理念下“学练议”的教学模式，并以“学练卷”作为教学载体不断探索。两年多脚踏实地的探求，分层教学实践团队取得了有说服力的成绩，得到了全校老师和多位教育专家的认可。经过近几年的不断完善，我们打造了属于我校的教学模式——以分层教学为理念支撑，以“学练卷”为载体的“学练议”教学模式。

第七节 反思交流

曾子曰：“吾日三省吾身。”反思有利于总结经验，寻找不足，快速提高。作为教师只有时常反思自己的教育教学情况，才能进行深度思考，不断地提高教育教学水平。为此，学校组织了系列培训、校本交流等活动。

一、以《教科研导报》为平台

为了更好地推进我校科研兴校的战略部署，为大家在学科专业化发展方面提供更专业更有效的引领，学校科研处特别精心编排了《教科研导报》，主要栏目包括：

先锋寄语：每期邀请一位校级领导、中层干部或学科骨干等在教科研方面起到先锋模范作用的同志撰写一段寄语，给老师们的教科研工作以引领、启迪或者激励。

深度关注：每期刊登我校校本教研中的精华内容，帮助老师们加深印象，提高认识，引发深层次的思考、讨论和研究。

教研热点：每期围绕一个大家普遍关注的话题进行讨论，刊登出备课组或个人的精彩见解，同时为大家提供业内同行专家的看法作为参考和借鉴，帮助大家打开思路，深入研讨。

学校建立这一交流的平台，旨在更多的反馈报道学校教研教改的动向、形成常态教研的专题性，用文字和老师们交流，做广大教师的良师益友，共同成长，一同进步。

二、以示范激励为引领

在繁杂的日常教学中，教育科研工作更多是容易被忽视的。有时普通教师总感觉教育科研领域很神秘，不敢涉足。我校抓住把教育科研作为提高教师自身综合素质的重要理念，采取自上而下、自下而上的策略，领导的亲言、勤做起到了很好的表率作用。

三、以专项活动为带动

反思的价值更多的体现真实、实在才会有意义，也才会对别人、对自己有收获。我校就利用教学活动的机会，大力倡导参与者自省、反思。

四、以典型反思为重点

进行日常积累、反思是教师最根本、最实际、最有效的培训教育，教师只有珍惜自己的教学成果，在平时善于积累教学心得，勤于总结教学经验，才能呈现出完美的教学案例或故事。

五、以广泛交流为常态

一位教师只有经常学习、积极实践、自觉反思与调整，用研究的眼光看待日常工作，才能从平凡的、司空见惯的事物中看到新的方向、新的特征、新的细节，才能在平凡的教学实践中寻找到教育的真谛。

第八节　成果激励

天道酬勤。经过几年的艰苦奋斗，全体师生的共同努力，学校的教育教学改革有了显著成效，学校面貌焕然一新。教师的课堂教学水平、教研能力和专业素养得到了显著提高，一大批市、区级优秀教师、优秀班主任脱颖而出。老师们也感受到了成果的激励：11项国家、市级科研课题顺利结题；265篇获奖论文，其中国家级17篇，市级25篇；20多个获奖课件；110余节市、区级教学研讨、展示课；几年中我校涌现出国家级先进个人1名，市级先进个人5名，区级首席教师1名，区级学科带头人11名，区名校级骨干教师29名，其他各种荣誉数不胜数。有多位教师被评为“全国教育系统先进工作者”和“天津市优秀教师”等荣誉称号。学生的综合素质也有了显著提升，学校得到了家长和社会的认可，由此产生了良好的社会声誉。

近年来学校发生了质的飞跃，天津市塘沽十五中这所地处城郊接合部的普通学校迅速崛起为全国知名学校。中考成绩逐年攀升，督导评估综合得分多年保持区级前列。近年来，学校先后被命名为天津市教育学会基础教育“十一五”科研基地；天津市基础教育研究所实验学校；中国教育学会“十一五”科研重点课题重点实验基地。《中国教育报》《中国教师报》《天津教育》《天津教育报》等多家媒体先后报道了学校的发展情况，来自全国二十余个省市的数百所学校的教育同仁慕名来校参观，我校的教育思想和管理经验正在全国推广。应该说在各级领导的关怀下，在几十位专家学者的指导下，今天的学校正处在良性快速发展的进程中。我校这个平台，为我们全体教师的发展提供了广阔的展示空间和舞台。在这一平台上，我们许多教师取得了几年前想都不敢想的骄人成绩。

第三章
教师评价策略

教师评价具有导向功能和激励功能，如何通过教师评价来指导、激励教师的专业化发展，促进教师自身的成长，是许多教育管理人员思索和探索的重要课题。我们在实践中十分重视这一问题。我们的思考是：评价教师不能泛泛而评，也不能仅抓量化考核，还要结合学校办学理念，看教师的发展与工作是否体现了学校的特色，是否促进了学生的发展和提高。

纵观目前很多学校的教师评价，有如下几个共同的特点：1. 学校在教师评价目标设定方面，基本兼顾了形成性评价与终结性评价，但终结性评价居于优势地位。在目标达成方面，终结性目标的达成度相对高于形成性目标，但二者的达成水平都比较低；2. 学校在教师评价政策制订方面随意性比较大，对评价政策的宣传学习还不够，透明度不高。关注评价方案的制订过程和宣传学习过程，是目前教师评价改革中需要加强的一个环节；3. 在教师评价的实践中，主要侧重在教师效能评价和教师素质评价方面，行为评价是目前教师评价需要加强的内容；4. 在教师评价实践中，由上而下的各级领导发挥着主要作用；5. 对教师评价结果的书面或口头反馈没有得到充分重视，评价反馈在改进教师工作中的作用没有充分发挥。

学校的各项工作如果不与相应的评价考核结合起来，便很难落到实处。那种没有对教师工作进行考核评价，完全依靠教师的自觉性去高质量完成各项工作的设想不仅是不现实的，而且也是不可能做到的。同样，教师的专业化发展如果不与相应的考核评价结合起来，即使我们对教师专业化发展方案设计得非常完美，也不会得到有效的落实，也不会收到较好的效果。因此，教师评价改革，既是课程改革的需要，也是学校管理和教师专业化发展的需要。

《教育部基础教育课程改革纲要》指出：要建立促进教师不断提高的评价体系。强调教师对自己教学行为的分析与反思，建立以教师自评为主，校长、教师、学生、家长共同参与的评价制度，使教师从多种渠道获得信息，不断提高教学水平。教师评价具有导向功能和激励功能。如何通过教师评价来指导、激励教师专业发展，促进教师自身的成长，是许多教育管理人员思索和探索的重要课题。从课程改革来看，课改提出了培养学生“具有创新精神、实践能力和终身可持续发展能力”的观点，这也对教师评价提出了新的要求，指明了教师评价改革的方向。从教师角度来看，许多中小学教师对目前教师评价表现出不满情绪，教师评价没有很好地发挥其应有的积极作用，甚至产生相反的作用。所以，研究教师评价，建立科学的教师评价体系势在必行。

做好教师的考核评价，是对教师实施绩效考核工作的基础，也是义务教育学校实施绩效工资制度的必然要求。绩效考核结果是绩效工资分配的主要依据。义务教育学校实施绩效工资分配改革，必须建立符合教育教学规律和教师职业特点的教师绩效考核制度，让绩效工资的分配制度能够更好地体现出教师的实绩和贡献，为能够更好地发挥激励功能提供制度保障。做好教师绩效考核工作是加强教师队伍建设的重要基础。科学有效地实施教师绩效考核，是全面贯彻党的教育方针、深入实施素质教育的重要举措，是提高教师队伍整体素质、促进教师队伍科学发展的关键环节，是完善教师激励约束机制、努力构建充满生机与活力的教师人事制度的重要任务。对于加强教师队伍建设，充分调动广大教师的积极性、主动性和创造性，具有极其重要的导向作用。

第一节 教师评价重在责任意识

责任意识是教师的基本素质。一个有责任感的人不会计较个人得失，会把做好本职工作看作是自己的天职，一旦做不好工作就会感到内疚甚至有一种负罪感，因而会千方百计地把工作做好。教师的责任包含着多种内容。教师首先要对自己负责，因为这是自己的职业，也是自己的事业，关系到人生价值，教育理想的实现；要对学生负责，因为这是教育的本质，关系到每一名学生的生命价值和他们的将来；要对家长负责，因为孩子是家庭的希望，家长把孩子交给你，就是对你的信任，关系到每一个家庭的幸福；要对社会负责，因为社会的文明与进步取决于你的努力；要对国家负责，因为青少年是国家的希望与未来，“少年强则国家强”。教师责任的关键是要对学生负责。青少年时代是人生的黄金时期，他们的成长过程带有很强的可塑性，教师的举止潜移默化地影响着每一个学生。教师在观察中时常会发现：班干部管理同学，很多时候讲话举止、方式、方法特别像某位老师。这正如著名教育家加里宁所讲的那样：“教育者影响受教育者的不仅是所教的某些知识，而且还有他的行为、生活方式以及日常生活的态度。所以，教育者要有高度的责任心。”因此，教师要为学生的成长负责，要为学生的未来着想，关注每一位学生，帮助他们走好每一步。为他们奠定一个坚实的人生基础是教育的根本目的。

评价教师的责任意识，首先在于让每个教师清楚自己的职责范围是什么，怎样才算尽职。为此，我们为全校的每一个岗位制订了岗位职责，如：德育处主任的职责、副主任的职责、年级组长的职责、备课组长的职责、课务员的职责、学籍员的职责等。每个岗位的职责描述都很具体清晰，避免大而空、模棱两可的现象。方案制订出来后要先让教师们反复讨论修改，讨论的过程也是一个教育的过程，是一个培养责任意识的过程。

我们根据每个岗位的职责制订了考核评价方案。方案分为工作态度、本职工作、加分项和减分项四个指标，每个指标都要有若干关键表现予以佐证。加分项主要是鼓励教职工有特殊贡献，鼓励教师对学校工作多提建设性意见。同时，还制订了对全体教职工的考勤方案，参加学校各种会议、活动以及升旗仪式等其他工作的考核评价。考核评价形式分为：自评、主管领导评、学生评、家长评、学校评；考核评价方法分为：月评和期评，最后由各部门归总成绩，形成学期每一个人“千分制”考核评价结果。当然，一个人的责任意识不完全取决于制度的考核，更多需要自觉的行动。但责任意识也有一个培育的过程，在这个过程中，除了积极地引导和启发外，也要做到明确职责、加强监督、注重考核。

评价教师的责任意识，目的不是要一个结果，而是增强教师的责任意识，因此评价后，还要注意与激励制度结合。对于工作优秀、业绩突出的教师给予适宜的物质奖励和精神奖励，这是人之常情。通过奖励促使教师们更加愉快地工作，体面地生活，奖励之下我们的教师一定会把工作做得更好，乘势而上。健全奖励制度对加强教师队伍建设会起到积极的推动作用。近年来，学校相继制订、完善了《班主任工作的奖励方案》《教师完成教学常规工作的奖励方案》《各年级教学质量的奖励方案》《体育竞赛的奖励方案》《指导学生参加第二课堂活动的奖励方案》《教师参加教育硕士学位进修的奖励方案》及各级各类教育教学成果的奖励方案等。一系列的奖励方案带来了超乎想象的成效。学校只有用心去投入，合理分配使用资金，才能打造出民心工程，教师群体的凝聚力、积极性才会产生，学校才有望得到发展。

第二节 制订评价指标体系

指标体系的建立要符合全面实施素质教育的要求，体现课程改革的方向，正确发挥对教师的激励导向作用，促进教师的专业化发展，充分体现考核指标的激励性和约束性的有机统一。教师绩效考核指标体系要体现以下主要内容：

教师履行《义务教育法》《教师法》《教育法》等法律法规规定的教师法定职责，以及完成学校规定的岗位职责和工作任务的实绩，包括师德和教育教学、从事班主任工作等方面的实绩。

师德主要考核教师遵守《中小学教师职业道德规范》的情况，特别是为人师表、爱岗敬业、关爱学生的情况。在考核中，要明确规定，教师不得以任何理由、任何方式阻碍完成教育教学任务，不得以非法方式表达诉求、干扰正常的教育教学秩序、损害学生的利益，并将此作为教师绩效考核合格的必备的基本要求。

教育教学主要考核教师从事德育、教学、教育教学研究、教师专业发展的情况。德育工作是每个教师应尽的责任，要结合所教学科的特点，考核教师在课堂教学中实施德育教育工作的情况；教学工作重点考核教学工作量、教学准备、教学实施、教学效果，以及组织课外实践活动和参与教学管理的情况；对教学效果的考核，主要以完成国家规定的教学目标、学生达到基本教育质量要求为依据，不得把升学率作为考核指标，要引导教师关爱每个学生，特别是学习上有困难或品行上有偏差的学生。教育教学研究工作重点考核教师参与教学研究活动的情况。在教师专业化发展方面，要重点考核教师拓展专业知识、提高教育教学能力的情况。

班主任是学校义务教育教学工作中的重要岗位。班主任的工作任务应作为教师教学工作量的重要组成部分，要鼓励教师尤其是优秀骨干教师积极主动地承担班主任工作，使他们有热情、有时间、有精力，高质量高水平地做好班主任工作，当好学生的人生导师，促进学生德智体美全面发展。要强化对班主任工作的考核，重点考核其对学生的教育引导、班级管理、组织班集体和团队活动、关注每个学生全面发展的情况。

指标体系具体包括：

1．课堂教学的评价指标体系，包括各类评优课、研究课和随堂听课、常规听课及各类不同课型，如新授课、复习课、实验课、习题课、试卷分析课等的不同评价指标体系。

2．教学质量的评价指标体系。

3．班主任进行班级管理工作和任课教师对学生进行德育工作的评价指标体系。

4．科研工作的评价指标体系，如实施的课题、撰写的科研论文等。

5．教师专业发展的评价指标体系，如学历进修提高情况、业务水准、优秀课评比的层次、业务影响力、使用现代教育技术的技能等。

6．教学常规工作的评价指标体系，即教师应该完成的基本的教学工作有哪些，其评价指标体系中各部分的分值权重如何分配。

7．教师对教师职业的态度评价指标体系，如教师爱岗敬业、热爱学生、团结协作、自我学习、劳动纪律、承担的工作量、辅导学生、各项教育教学活动的参与程度等情况的具体评价指标体系。

8．教师备课设计（具体体现在教案、学案的书写）、作业批改等具体的评价指标体系。

9．针对不同年龄段的教师，如青年教师、中年教师和老年教师在承担同一工作上的不同评价指标体系。

10．不同学科的教师，如主科教师和副科教师、作业学科和非作业学科、中考学科和非中考学科的不同评价指标体系。

制订评价指标体系要掌握如下几个原则：

1．部分评价与整体评价相结合

在对每类教师进行评价时，既要细化不同的岗位职责和考核标准，又要完整地看一个人。岗位职责评价不具体就会流于形式，使评价工作落不到实处。但看待一个人的时候要完整评价而不是仅就某一方面作出判断。对教师的评价标准要采用综合的评价标准，不能顾此失彼，一好百好，一差百差。所谓综合的评价标准是全方位的、“立体的”教师评价标准，它要求对教师工作的方方面面都应做出科学客观的评价。

2．量化评价与质性评价相结合

在对教师的各项工作职责进行量化考核的同时，对一些不便于量化的指标要进行质性评价，质性评价虽然比较模糊，但对人的评价更完整、更深入，有些东西是数据测不出来的。对于采用量化评价的指标要科学确定权重，对于不能量化评价的指标也要通过案例、实物等进行质性评价，要有看得见、摸得着、可操作的评价依据。

3．引导与奖惩相结合

在评价中离不开具体的奖惩措施，离开必要的奖惩就引不起人们的重视和形成良好的工作氛围。但评价的目的主要不在于奖惩，而在于引导教师的专业化发展。所谓发展性评价是指：评价是为了促进教师的发展。从这个意义上说，有利于教师发展的事就做，不利于教师发展的事就不做，一切为了教师的积极发展。所以制订出岗位职责和评价指标体系后，要广泛征求全体教师的意见，让大家参与到评价指标体系的制订中来，法源于师而用于师。评价标准制订以后，要发动教师开展各种演讲竞赛和学习制度活动，取得大家的认同，这样大家就会自觉遵守制度而不是靠奖惩来落实。要把制度管理和人本管理有机地结合起来。

4．个体评价与集体评价相结合

评价对象既有每一位教师的个体，又有以学科备课组为单位、以教研组为单位、以教学班任课教师为单位、以年级组为单位的教师群体。所以，评价指标体系要把个体评价与集体评价结合起来。如同一年级的任课教师，如果过分强调个人的教学成绩或给教师排名次，就会出现同一个班的任课教师争课时抢时间压作业的现象。要强调集体的作用和力量，让每个教师在集体的发展中得到成长。

学校管理的最高层次应该是“无为而治”。也就是说，表面上看来学校的管理很淡化，看不出“管”来，但实际上学校的管理却井然有序。即使校长不在学校，学校的各项工作仍有序高效地进行。然而，要达到这样的境界，建立科学可行的规章制度、精细化的岗位职责和必要的考核评价办法是必经的管理阶段。当全体教职员工都能自觉地履行自己的岗位职责，把正确的价值观念作为大家的共同价值取向时，“无为而治”的高效管理就会自然地形成。然而，如何建立科学的评价体制是一个非常复杂的工作。因为对全体教职员工的评价既要考虑定量评价，也要考虑定性评价；既要考虑终结性的结果评价，也要考虑过程性的评价；既要考虑学校领导的评价，也要考虑学生评价、家长评价、教师之间的互相评价，特别是更要尊重教师的自我评价。只有综合考虑各种评价，评价的结果才更具说服力，才能更好地发挥评价的激励和促进作用，也才能增强学校内部机制的运转活力。实践中，我们结合我市开展的“一考两评”工作，在充分调研，多次修改、完善的基础上相应地制订了适合我校教职员工的考核细则，尝试实施了“千分制”的考核方案，取得了较好的效果。所谓“千分制”考核，就是根据干部、教师、职员的工作性质分别制订考核细则，并设定以1000分为满分，根据各项考核指标的主次分别评分的一种考核评价方式。

(1)“千分制”考核评价的实施方案

①关于一线教师的“千分制”考核评价方案

一线教师的考核评价主要包括三部分：教学科研700分，考勤100分，师德200分。其中教学科研又包括三部分：日常教学140分（每月一评），包括区校教研、课堂教学、考试纪律、教案使用、组长职责；学期综合210分（每学期一评），包括材料上交、控辍管理、课堂等级、校本教研、问卷调查、课堂展示、教学交流、教育科研、课题研究、专项活动；教学成绩350分。

对一线教师的考核评价实行年级主任负责制，由分管年级的主任负责组织评定本年级教师的考核分数，在年级内排序定等。每月由年级主任对教师的日常教学情况逐项量化打分，每学期各月的平均分作为教师的学期日常教学得分；学期末由年级主任会同教学质量处、教学科研处主任对教师的学期综合评定项目和教学成绩打分，进而核定出教师学期的教学科研总得分；师德由德育和教学统筹100分，另加学生、家长、学校、组内教师问卷合成100分；考勤由办公室按照考勤的量化标准核定分数。

②关于后勤服务人员即职员的“千分制”考核评价方案

职员的评价主要包括三部分：第一部分为处室主任、校级领导、中层干部、全体一线教师和职员自评，总计700分。处室主任于每月末对本处室每位职员进行量化考评，每学期每月评价的平均分数为处室主任对职员的评定分数，占50%，学期末校级领导评价占20%，中层干部评价占10%，全体一线教师评价占15%，职员根据自己的工作情况自评占5%。以上总得分乘以7即为该部分的分数。第二部分为考勤占100分，第三部分为执勤情况占200分。

③关于对中层干部的“千分制”考核评价方案

中层干部的评价主要包括三部分：第一部分为分管领导、全体教职工、中层干部互评，校级干部、负责处室的工作人员及中层干部自评等组成，总计700分。其中，每月由分管领导（分管副校长、主持处室整体工作的中层干部）依据中层干部月考评细则对中层干部进行量化打分，每学期月评平均成绩占总分数的50%。每学期末对中层干部进行学期考评，期评成绩占总成绩的50%，期评成绩的组成为：全体教职工（不含校级和中层干部）对中层干部的评价占学期成绩的10%；中层干部互评占学期成绩的10%；校级干部对中层干部的评价占学期成绩的15%；所负责的处室工作人员对中层干部的评价占学期成绩的5%；中层干部自评占学期成绩的5%；全体教职工对中层干部的民主测评占学期成绩的5%。以上总得分乘以7即为该部分的分数。第二部分为执勤落实情况占200分，第三部分为考勤占100分。

④关于对班主任的“千分制”评价方案

班主任工作质量考核由班主任学期量化成绩和相关部门评价两部分组成。其中班主任学期量化成绩所占比例为60%；相关部门评价占40%。班主任的学期量化成绩由两部分组成：班级、班主任量化积分（德育处月评，学期累计平均，其中包括体育、卫生、财产）的70%和智育成绩的30%（由教学部门提供）。德育成绩的70%来自于班主任履行职责情况和班级日常管理情况的考核，这部分实行月考核制度。学期末德育处汇总平均得分。另外30%的智育成绩由教学口提供。相关部门评价占40%，其中包括：中层及以上领导的评价占5%；主管领导、处室主任的评价占15%；班主任自评占5%；科任教师的评价占5%；学生的问卷占5%；家长的问卷占5%，其中各项的评价细则共十条。班主任学期工作质量考核成绩=（德育量化的70%+智育的30%）×60%+相关部门评价（40%），最后的得分乘以10转化为1000分。

（2）“千分制”考核的效果

①对中层干部和职员的考核评价，实行月评、期评制度，坚持集中考评与日常考评相结合；坚持自评、互评、处室人员评、校级领导评、全体教职工评及民主测评（模糊评价）等多条途径考评，能从多角度、多层次、多方位较为准确地反映出中层干部和职员的德、能、勤、绩等方面的实际情况，这样的量化考核评价能促使中层干部和职员认真学习岗位职责，改进工作方法，完善工作作风，团结合作意识得到了加强，工作能力得到了一定的提高。一方面有利于主管领导对中层干部和职员平时工作的指导、检查、监督、激励；另一方面有利于中层干部和职员们及时调整工作，查找工作中的不足与缺失，以全面提升工作质量。再一方面也促使中层干部和职员能自觉接受群众的监督与考核，起到对中层干部和职员的监督、激励作用，增强了工作的责任意识和竞争意识。

②对教师的考评注重强化过程管理，为规范教师的教学行为起到了积极的作用。我们对教师的日常工作有明确的要求，常规检查及时，记录准确，每月按期完成量化已经形成制度。同时，平时性的考评记载是指导、检查、督促、激励教师认真履行职责、努力提高自身素质、完成

工作任务的重要手段，也是期末考核的基础。

③实施分层考核，强化了各层级人员的责任意识。我校制订的岗位考核内容是按照专业类别和岗位特点分别确定的，实行层层负责的管理体制，分管校长考评年级主任和处室主任，年级主任和处室主任考评本年级教师和处室工作人员，月末、期末量化公示，这样就使每一名管理者都以双重身份参与其中，对制度充满理解并能认真执行。作为管理者都能够严格履行职责要求，自觉完成检查、计算、公示、解释、积累资料等一系列工作。

④全员参与考核，创设竞争氛围。没有评价的教育是盲目的教育，没有教师参与的评价也是不完善的。在各项评价过程中，突出的特点就是重视全员参与，充分考虑到被管理者的意愿，按照不同的比例，采纳了同志间的互评、不同岗位的互评、不同职级的互评，同时坚持以人为本，采纳教师的自评，多层面、多角度的丰富考评内容。这样的考评对干部教师的工作、考勤、业绩等能作出比较公正的评价，鼓励先进、鞭策后进，并为日后的各种评优、职称评定、工资晋升等提供较为准确、科学的数据，减少了评价的人为因素。

⑤激励了班主任工作的积极性、主动性。量化考核区分了班主任的工作质量。通过考核班主任的德、能、勤、绩，把班主任各方面的工作分别放到德育处、团委、教学处、总务处、体卫艺处、年级组等六大部门进行考核，同时学生、家长也参与考核工作，考核既能把班主任在各方面的工作所体现出的特点加以区分，也能把班主任的各种能力、责任心、工作态度区分开来，挖掘了班主任的潜能。同时把班主任工作的绩效与班主任评优、晋职相联系，极大地调动了班主任工作的积极性、主动性和竞争意识，使得学校的德育工作开始迈上了一个新台阶。

(3) 对“千分制考核”的反思

在实施“千分制” 考核过程中必须注意以下几点：

①制订明晰的可操作性的考核细则是关键。无论是每月考核还是学期末考核，都需要有细致的考核项目。岗位职责确定后，我们将其细化

为有利于操作的条目，研究权重的分配，能够量化的指标在月评中尽可能量化，对于不能量化的指标和不宜量化的指标在期评中要做出定性的描述，并且在同一层级相对统一的基础上修改部分内容，以求在考核过程中不断提高管理效能。另外，考核指标必须做到具有可操作性、客观性、公正性。

②要尽量减少因为评价人的不同而造成的误差。如对中层干部的月考评，因为不同的主管领导对月考评细则掌握的尺度不尽一致，各主管领导在进行月评量化时会出现考评分数的差距，而且月评成绩的比重很大，相乘的系数也高，所以会出现最终总分悬殊甚大。再如，在实施月考核的过程中，由于设定了加分的项目，其中加分的权重不甚明确，完全取决于考评者的理解；也有些项目，扣分的尺度难于把握，所以，各分管领导、年级主任和处室主任对分值的把握尺度应保持相对统一，另外也可以考虑分年级、分处室，考评后按年级和处室公示、划等、兑现，减少年级间和处室间的不平衡。

③要尽量考虑到不同学科、不同年级的特点，科学地使用考核的各项数据。如对教师的量化考核中，教学成绩的计算问题较多。在整个考评体系中，教学成绩的得分举足轻重，也是教师间区分度较大的一项。在制订计算原则上，虽然考虑到了工作量和学科类别的不同，方法略有区别，但考评结果显示，不同类别间的区分度过大，考查的科目之间也存在着差距，同学科不同教师间的差距也很明显。究其原因，虽然教师间的教学成绩、工作量的确有一定的差距，但也要考虑超分封顶的问题，以免造成各类别间差距太大，教师无法接受。

④对各种原始资料的保存要准确，各种数据必须真实可靠，尤其是对于教师所获得的荣誉等资质材料，主管部门要对这些材料妥善管理，应做到准确无误，教学成绩的登记留存要全面，尤其是区内兄弟学校的成绩档案（包括区成绩）也要备全，便于比较和计算。

第三节 教师价值的重新实现

作为教育与社会变革最重要的推动力，教师理应在社会发展和人类进步中发挥关键作用。然而在现实中，无论是政府、公众还是教师自身，对教师职业价值的认识仍然存在着偏差，比如因过分夸大教师职业的社会价值而形成的“教师万能论”、因过分夸大的社会价值未能实现进而导致的“教师无能论”等。这种认识偏差严重影响教师职业价值的充分体现，进而阻碍了学校教育改革的顺利推进。因此，纠正这种认识偏差，树立正确的教师价值观已成为一项重要的课题。

评价是一种价值判断的活动，是对客体满足主体需要程度的判断。教师评价是对教师工作现实的或潜在的价值作出判断的活动。评价活动由谁来评，从谁的价值立场来评，都会产生不同的评价结果，对评价对象也会产生不同的影响。

一、“好”教师首先是“人”

在传统的教师评价中，作为楷模的优秀教师常被人们以“吐丝的春蚕”“泪干的蜡烛”等这些所谓的溢美之词加以褒扬。这些先进教师代表的事迹，往往渗透了他们巨大的艰辛与付出；他们获得的认同和褒奖常以牺牲个人利益、家庭利益为代价。

但是，“好”老师首先应该是社会人，其次才是老师。歌颂教师为教育事业无私奉献一生的事迹不适合每个教师，也不适合整个教师群体。传统的教师观在赞美教师职业时，忽视了教师的主体地位，这种社会本位的教育价值观强调教师的社会责任和职业道德，却忽略了教师自身的存在价值和自我发展提高。

在传统的教师评价中表现为，教师通常被排除在评价主体之外，评价主体常以居高临下的权威姿态对教师进行评价，更多的是将教师作为价值客体和评价客体，关注的是教师的社会价值和对教师的“要求”与

"奉献"，将教师视为要求的接受者和执行者。评价者一方面关注评价的科学合理性，一方面却将自己的价值观强加到作为被评价者的教师身上，而基本漠视教师在评价过程的反应与表现，更不管教师对评价过程和结果是否认可。造成这种评价现象的原因在于教师评价中价值取向的错位，而这种价值取向错位又最终归结于教师没有作为评价主体参与到对教师的评价中去，也没有被视为教师评价的价值主体。

二、对传统教师评价制度的反思

1.评价主体缺失

教师评价主体是教师评价活动的设计者、组织者和实施者。不同的教师评价主体，具有各自角色、地位、能力、经验等差异，其业务素质、心理素质和评价态度，直接影响着评价结果的可靠性和有效性，也决定了他们在教师评价中各自拥有的优势和不足。比如管理者对教师进行评价受到地位与角色的局限，容易居高临下地看待教师，而且缺乏专业的评价知识和技能。传统的教师评价多采用自上而下的评价模式，对教师缺乏信任与尊重，不够关心教师，教师在教师评价中仍多处于消极的被评价地位，很少有机会真正参与到关系到自身的评价过程中去，就算参与评价了，也往往只是走一个形式上的过场。因此，许多教师以一种害怕、怀疑和敌意的目光看待教师评价。因为在教师看来，他们很少参与、根本不参与或者参与了也是走过场的教师评价并不能很好地反映他们的工作状况和真实水平，也不能够反映教师自身的价值。换句话说教师评价中教师作为评价主体的缺失造成了教师价值主体的迷失。

2.传统教师评价中的教师价值主体迷失

正是因为教师在评价中的主体缺失造成了教师无法真正认识到教师评价对于他们的作用，无法意识到自己才应该是教师评价的价值主体，教师的发展才是教师评价的目的。传统的教师评价从教育管理者的价值需求出发，更有从社会、家长的价值需求出发，提出种种对教师的要求，而漠视了作为教师本身的价值需求。这种教师评价潜在的价值取向是以“工具理性”为指导思想的，将教师角色定位于教师是作为服务于教育事业的工具。这种评价方式不仅伤害了教师改进教学的积极性，而且将教师的注意力引向了对短期教学效果的追求，而对有助于职业长期发展的教学过程的诸多要素不予关注，违背了教师评价的原旨。这种直接将评价者的意志、价值观强加在教师身上的方法是不可取的。

三、教师评价引导教师实现自我价值

1.重视教师的自我评价

新课程所倡导的教师评价的主体是一个群体而不是单独的个体。教师作为这个评价主体中的成员，其自我评价与反思在教师评价和教师专业发展中具有重要意义。首先，从评价主体必须是能根据评价结果，为达到改善教育活动及其成果的目的而采取相应措施的人这一要求来看，教师无疑是对自己工作评价最直接、最现实的主体之一。作为实施教育教学工作的主体，教师本人才最了解自己的工作背景和工作对象，知道自己工作中的优势和困难，教师工作的创造性和复杂性等特点也决定了只有教师本人才能更具体地了解自己在每项工作中的努力程度。所以，教师自评是收集评价信息的一个重要途径，评价主体中的其他成员只有充分听取教师的自我剖析，才能做出贴切的、富有建设性的评价意见。其次，作为受过较高程度教育和专门训练的专业工作者，教师有较强的自尊心和自我价值实现的需要，同时也具有根据教学对象和教学环境的变化以及来自各方面的评价信息，自觉自动地调控教学行为的能力，能够在第一时间将评价信息进行利用。第三，教师自评是教师自我诊断的重要方面。发展是一个在变化中不断地上升的过程，与外在评价的作用相比教师内在的发展动力来得更持久更强大。在新课程理念下的教师是终身学习和专业发展的主体，教师自我评价的过程就是教师自我激励和自我提高的过程。只有教师的主动参与，评价结论和建议才能真正被教师接受，才能最大限度地激发教师自我改变、自我完善的欲望和热情，才能使教师真正从评价过程中获益，激励和促使教师不断提高教育教学水平。

2.转变评价的价值观念

评价是一种受价值观念指导的活动，要想使新课程理念下的发展性教师评价真正落到实处，必须先转变评价的价值观念。新课程推进过程中的教师评价注重教师的个人主体价值，包括个人发展，个人激励和自我实现的价值，因为尊重和自我实现的需要是人的需要的持久动力，也是教师个体最主要的需要。教师们希望能够通过评价来发掘自身存在的优势与弥补自身的不足，在正确利用评价结果的基础上，发挥自身的潜能，从而把握自身的发展方向与前途，实现自身的发展需要，不断进行自我创造和提高。因此当前的教师评价应“以人为本”，不能只单纯地把教师作为一种手段或工具，而要注重教师的个人价值，注重未来发展，帮助教师认识自我，发现自我，使每个教师都能从评价中获得激励、自信和不断前进的动力，从而提高专业水平。

3.新课程推进中实现自我价值的教师评价

新课程倡导的教师评价关注教师发展中的需要，强调评价的民主化、人性化的发展，突出教师评价的激励与控制功能，重视被评价者的主体性及评价对个体发展的建构作用，促使教师在评价中认清自身的价值，实现自身价值。教师教书育人的过程本身是一个不断追求的过程，是教师不断发展和完善的过程，也是教师生命价值不断得到提升和实现的过程，新课程推进中的教师评价应该与之相适应，在评价中促进教师自我价值的实现。

因此，在新课程推进过程中评价教师时更应该从教师的视角出发，充分尊重教师的主体地位，并树立人性化的评价观，重视在评价过程中教师的体验。重视教师的自评，转变评价的价值观念，促使教师正确评价自己的工作，树立正确的价值观，在工作中得到自身价值的满足，使得教师能自愿自觉地将教师作为一种事业而不只是职业。

第四章

校本教研策略

校本教研就是以校为本的教研，是将教学研究的重心下移到学校，以课程实施过程中教师所面对的各种具体问题为对象，以教师为研究的主体，既有理论指导又有专业人员实践的一种研究形式。它强调教师是理论指导下的实践性研究的主体，将理论指导同专业人员的实践相结合；强调理论指导下的实践性研究，既注重解决实际问题，又注重经验的总结、理论的提升、规律的探索和教师的专业化发展，是保证新课程改革实验向纵深发展的新的推进策略。概括地说，校本教研，就是为了改进学校的教育教学，提高学校的教育教学质量，从学校的实际出发，依托学校自身的资源优势和特色进行的教育教学研究。积极开展校本研究，大力倡导“教师”即“研究工作者”。学校在校本研究这一平台上，应不断挖掘各种行之有效的形式，不断地去激发和唤醒教师研究和创新的欲望，张扬教师的个性，发展教师的教育教学智能和技能，促进教师的专业化发展。下面简要谈一谈学校在校本教研方面的一些有效形式。

第一节 实施课表化教研

我们深深地认识到，要让教师成为一个研究者，管理者首先要做好一名研究者。领导要结合自己所学的专业，采取“亲身参与”的管理方式，具体的分工是：由一把手校长包管化学学科组；教学副校长包管语文学科组、信息电教组、生物组；德育副校长包管政史学科组；运转处主任包管英语、地理学科组；质量处主任包管数学、物理学科组；德体卫艺主任包管体育学科组。在各有分工的基础上努力做到“四个一”：抓好一个学科，整体规化学科的教研活动；管好一个学段，组织学段间的研讨交流；蹲守一个教研组，及时了解各组的研究动态；参与一线教师的教研活动，与他们一起总结反思。在这个管理过程中，包管领导是参与者、指挥者，也是信息传递者。如，听到哪个年级在教研中遇到了困难，及时上报到教学校长处协调，帮助他们分析问题的原因，寻找解决办法。这个组的问题解决了，又马上转入到另一个组，化解另一个困难。又比如，得知这个组得出的经验正是那个组的困惑，那个组的教研形式又是这个组所缺乏的特色时，我们就趁机组织一次学段间的互动交流，实现教研资源的共享。这样在教研中融入了管理，管理又引领了教研的健康开展。

第二节 建立评比机制

校本教研的真正主体是教师。只有教师愿意参与、乐于参与，教研工作才会富有实效。为了激发教师参与校本教研的热情，我们重视教师在校本教研活动中的激励评价。学校加大日常教研的检查力度，结合优秀教研备课组的评选，进一步规范集体备课的具体要求。结合对区级首席教师、骨干教师的考评，将骨干教师在说课、做课方面的示范活动贯彻到日常备课中。学校设有备课专用教室，保证教研质量，及时解决具体问题。同时，继续与手拉手校联合教研，相互提高。还定期把老师们的反思案例整理汇编成书，召开“校本教研经验交流会”，让老师们以成功者的身份互相传经送宝；召开“校本教研总结表彰会”，让老师们以教育优秀者的身份受到表彰和鼓励；给优秀备课组的教研情况录像，在全国会议上展示教研过程等活动。事实上，表彰与奖励并不是多大的荣耀，但它却能让教师感受到自己的劳动得到认可的愉悦，愿意把校本教研当成幸福事，乐此不疲地参与进去。

第三节 优化过程管理

集体备课、学科教研是教师的最常态的本职工作，如果心境平和，自然效果更好。所以，学校从为教师减负的角度，积极探索优化教学管理过程的方法，坚持按照规定开足开齐课程，严格按课表上课。完善教学常规管理制度，保证日常教学秩序。尝试检查监控手段，不定期检查教师备课、听课情况，抽查作业批改情况，组织学生座谈或问卷，了解教师日常工作状态，适当与教师的月评、学期考核相兑现。及时召开备课组长会，规范教学行为，布置各阶段的教学工作。控制过多过滥的试卷，提倡精选、细选、自出试题，完善学练卷，减轻学生的学习压力。加强对集体教研备课的监督跟踪力度，抽查中体现监控。同时，结合教育教学实践，进行阶段性或日积月累的反思，勤于总结经验教训，才能利于形成良好的过程管理习惯，更好地发扬优点，弥补不足。

第四节　校本教研形式多样化，提升教师的教育理念

校本教研虽然是以学校教师为主体，但它不完全局限于本校内的力量，因为校本教研是在一定理论指导下的实践性研究，缺少先进理念的引领，就可能始终徘徊于经验总结的水平上，甚至导致形式化、平庸化。教师专业能力也必须在先进思想和方法的引领下，才能逐步实现提升。因此，学校必须拓宽各种渠道，采取多种形式，有针对性地组织各类培训，加强对教师的专业引领，强化理论对实践的指导，实现理论与实践的沟通，促进教师观念的转变和综合素质的提升。

校本教研的具体形式：

1．请进来。聘请知名的专家教授作为学校的常年顾问，定期到学校来开展讲座和评课、座谈等活动。通过专家、学者的指导，提炼聚集教学中的实际问题，分析问题的归因，设计改进的策略，验证教学研究的成果。聘请高等院校和科研机构的理论研究工作者，给教师讲解新课程改革的新理念、新做法，拓宽教师的教育视野。聘请市区的名特优教师讲述自己的教育教学实践，对教师的具体做法给予方法上的指导。这些做法可帮助教师高起点“充电”“换脑”，提升理论素养，从不同的视角开阔教师们的视野。

2．走出去。组织全体教职工到课改先进地区、先进学校考察学习，如我们组织了全体干部教师到山东邹平魏桥实验学校、九户中学等地，亲临课堂、接触教师、走访学校的每个角落，为学习借鉴课改经验提供了条件。回来后即时组织了“学访大讨论”，进行了深入的分析，很多老师在自己的课堂教学中进行了有益的尝试。选派骨干教师参加了在江苏宜兴召开的课堂教学改革实验交流会，选派多名青年教师聆听了天津教科院专家的教科研讲座，开阔眼界，增广见闻。选派首席教师、学科带头人去著名高校华东师大、西南师大学习。

3．自挖潜。学校充分挖掘自身的资源，对教师进行培训，由于经验做法就在身边，所以教师们更容易接受。学校先后安排外出学访的领导、教师进行学访汇报交流，组织学校内的首席教师、学科带头人和骨干教师进行说教材的示范和课堂教学展示等诸多培训活动。

第五节　实施集体备课下的共享教案，教师备课求实效

深化教师课堂教学方案的研究，对教师的备课方案进行模式探索，促使教师形成合理的教学预设，合理安排教学的步骤和环节。特别是不同学科和不同课型的高质量教学环节及操作流程研究。

在我校已经形成的富有特色的备课模式的基础上，将以服务教学活动为立足点，对备课流程、环节进行研究，进一步深化备课模式的变革。

著名特级教师靳家彦老师说："教学的成功，85%源于课前的预设。"从这个意义上讲，备课是上课的前提。可以说，备课是教师最基本的个体责任，也是一项创造性的劳动，它是教学的前奏，是课堂教学的"战略"策划。对教师而言，备课的外显形式就是书写教案。我校在充分调研的基础上，将常规改革的突破口定位在教案上。

教案是教师针对不同层次、不同专业学生，为每一个知识点（群）编制的教学方案。教案绝不是教材的拷贝，也不仅是教师讲授要点的简单罗列，更不是"电子教案"所能替代的，以上这些仅能算作是讲稿。教案应该是授课教师教学思想、教学方法的重要体现，反映教师的自身素质、教学水平、教学思路、教学经验。也是为什么同样的一个问题，由不同的教师来讲授会出现不同的教学效果之所在。

过去教师们书写教案往往重格式、轻内容；重形式、轻效果。领导

检查教案时往往只关注教案的数目、书写的工整与否，课题、教学目标(具体包括知识与技能、过程与方法、情感态度与价值观等)、教学重点、教学难点、媒体使用、教学过程（学生活动、教师活动、目的意图等)、课堂小结、板书设计、作业布置、教后感等项目是否齐全。只要是数量足够、书写工整、项目齐全，往往就被评为优秀教案，然而教师究竟是否用这个教案去上课，教案里的内容是否体现了教师的创造性劳动却很少有人关注。结果造成了学校领导花费大量时间检查教师的教案，教师花费大量精力抄写教案，但上课时往往不用这个教案，只是为了应付检查。这个事实我们不能不面对，也不能回避这个事实。因此，为了提高教案的实效性，我们就必须从实际出发，改革教师的备课办法，提倡集体备课。

集体备课的具体做法包括：

备课组集体讨论教科书教法——分工执笔写教案——集体讨论并修改教案——形成电子教案并共享。教师们在应用共享教案时，还可以结合本班学生的特点适当进行修改或设计教学流程，进行个人加减，这样做的目的是减少教师们无效劳动的时间，把精力真正用在了备课上。

据调查，这样做每周可减少教师五六个小时的无效劳动。这样做可以把教师从抄教案的无效劳动中解放出来，集中精力研究学生、考虑教法，结果会大大提高课堂教学的效率。教师们在教学过程中有了新的体会，可及时在电脑上或共享教案上提出修改意见，每个教师使用不同颜色笔做标记，一看就知道是谁的建议，过后展开集体讨论，修改后的教案供下一轮使用。但这里需要指明的是，无论多么好的教案，也不能把教师备课的全过程体现出来，教师上课时要根据具体的情境进行适当的调整。

此做法的价值在于为教师减负，进而建立学校的教案、课件资源库，实现减少重复性的无效或低效劳动的理念。配合修订教案的评比条件，制订电子教案循环使用的要求，倡导教师使用教学流程本，引导教师更多地关注教研和反思，达到个性化教学和同伴互助深度交流。学校通过这样的活动，提高教师教案的使用效率，提高课堂教学效果。我校的教案改革经历的四个阶段：

一、摸索试验阶段

为使这项关系到学校教师个人成长的常规工作正常开展，学校没有采取硬性规定的方法全面推开，而是首先从九年级五个语文教师开始，让五位教师摸索集体书写一个教案的方法。经过整一年的实践，由于中考成绩的大大提高，使五位教师更加强烈感觉到要教好自己的学生，必须深入备课的必要性。体会到研究的乐趣，形成了凝聚五人心血的集体教案。更加可喜的是五人的成功引领了有自主发展需要的其他教师，也主动申请书写本年级教研组集体备课教案，并恳切地提出可以留给下一届教师进行使用和查阅。基于这种良好的发展基础，学校在进一步调研征求意见并认真分析后，决定制作出学校教师的共享教案。

二、循环共享阶段

备课组集体讨论教材教法——分工执笔写教案——集体讨论并修改教案——形成电子教案并共享。把形成的详尽的教案电子化，任课教师人手一份打印稿，学校备档，循环使用三年。每学期初、学期末以备课组为单位，进行教案的借用和归档。要求教师在每篇教案的背面指定位置记录教研后的修改内容，并作为检查依据纳入每月量化考核，学期中进行教案修改展阅，学期末评选优秀教案。

三、推广教案阶段

教学工作不是简单的重复，需要充分考虑学生的实际和教案的可行性，即使是相同的教学内容，由于授课对象的不同，教学也存在着差异。当循环教案三年接近尾声时，教学流程本已得到了教师的认可。把电子教案当作蓝本，老师们依据不同学情，各人有各人的操作办法，尤其是强化贯彻分层教学思想后，教案的要求更具针对性。教学流程本要求书写简单，涉及环节简化，在课堂上就可以直接投影，便于资料积累，很有实用性。

四、形成特色阶段

共享教案三年使用期已满，每人都经历了三轮的教案使用与修改的磨合过程。在使用过程中教师们发现别人的教案不能完全适合自己的学生，在学校的引导下开始书写自己的流程本，用以记录每节课的历程，配合着学校学科主任的设立，及时鼓励并引导教师的教研，利用在我校召开全国会议的契机，大胆推出数学组教研备课展示。学校的认可使教师的主动教研意识又提高了一个新的档次，在教案的书写上不仅做到了周前备课，有时候一节课要修改几次手稿，直到经过课堂的实践整理出满意的授课教案，这样的教案手稿几经修改，最多的有四稿，学校要求教师保留自己的原始稿，也许将来的学生会适合现在几稿中的一稿，学校管理者的主动沟通与善意帮助，使教师们感觉到管理者的良苦用心，有了主动发展的需要。

学校趁着这良好的发展势头，适时组织教师教研备课，进行深入性的研讨。在研讨过程中，教师们提出了许多实际的中肯的意见，有些教师想保留并继续使用共享教案，也有的教师想使用流程本的。此时学校也早做好了调整策略，决定让教师依自我发展需要，根据教师的现状书写个性化教案，包括：详案、流程本、研究型教案。要求年轻教师（教龄五年以下，含五年）必须书写详案；其他教师书写流程本，对有发展或有培养潜力的教师要求书写研究型教案。工作中教学部门细致规划，在开学初试印了一部分草稿，先进行一个月的试用，经过调研征求意见相对成熟后，印制下阶段学校相对固定的教案纸，正式推行个性化教案，这项工作一直在不断地完善中。

第六节 以各种业务比赛为突破口，促进校本教研的实践性研究

学校积极给教师们搭建平台，举办相应的研究课及不同层次教师的优秀课竞赛活动，如首席教师、学科带头人、骨干教师展示课，青年教师研究课；进行优秀教学设计方案、学案，优秀试卷，优秀课件，优秀教学案例，优秀作业设计，优秀论文等的评比交流；举行说课、读书论坛等活动。让教师们在这些活动中反思自己的课堂教学。通过这些活动的开展，让教师们磨砺自己的教育教学基本功，在全体教师中形成“比”“学”“赶”“帮”“超”的浓厚氛围。同时，学校把在各级各类各项教学评比中获奖的优秀论文、课件等结集出版，并在校园网上发布。对有重要指导意义和借鉴意义的教学成果，我们还通过召开各类交流会进行更深层次的研讨，以此促使教师之间的相互交流。

第七节 读书活动课表化，提高教师的专业化水平

读书学习如果没有形成一种习惯、一种爱好确实是很痛苦的。如果把读书学习视为自己的一种需要，是自己工作的一部分，那将是快乐的。可现在的一线教师，每天读书的又有多少？教师们每天忙于让学生做练习、写作业，因为这样容易出“成绩”；所以在学校内应该逐步形成一种引导教师读书学习的机制，使教师的读书活动课表化。作为一名教师，读书与不读书完全不一样。优秀教师没有一个不喜欢读书的。因为只有读书才能使一个人具有人生的智慧和人文情怀。实践也证明了这一点。在学校里受到学生热烈欢迎、受到家长高度赞誉、受到同行普遍

欣赏的教师，就是那种热爱读书和思考、有人文底蕴及思想和眼光的教师。读书能提升人的思想和眼界，促进教师的专业成长。因此，提高教师的专业化水平，必须引导教师读书。每学期我们都会给科任教师和班主任推荐一些优秀的图书，并要求教师们写读书笔记。通过心得交流会、读书报告会、教师论坛等形式，提升教师的理论素养。让全体教师牢固树立终身学习、不进则退的理念，以自己优良的思想素质、业务水平、教学方法，实践新课程改革，转变教学观念，积极营造良好的学习氛围。我们还注意把教育教学理论的学习落到实处。每学期学校都选编一些优秀的文章结集成册，发给每一位教师，让教师们有目的地去学习。另外，围绕某个教育观点，搜集一些名家、名师、专家、学者的论述提供给教师们，教师们认真地学习、思考、交流，会提高自己的教育教学理念，深刻地理解教育的本质。

第八节　研读课标、说教材是校本教研的重要形式

教师对课程的准确理解是教学改革和创新的关键，我们通过深化说教材、说课标、说教法等活动，引导教师正确解读课程。

1．解读课程标准

新课程改革以来，“依据教材教而不是教教材”的理念不断冲击着教师的大脑，对《课程标准》的研读成为教师又一项重要的基本功。学习《课程标准》既是各学科教研的重点，也是教师教学的依据和考试命题的依据。因此，学校非常注重课程标准的学习，聘请专家做专题指导，订购各学科课标，每位教师人手一本，布置学习任务，再针对自学归纳成果，开展“课标知识树”或图标的征集，每位教师根据自己的独特体悟，以形象的树形展现本学科的教学要求和自己对课标的理解。继

而针对集体学习效果，分学科编写“近三年中考、会考试题课标细目表”，以此作为教学研究的基础，也为其他教学活动的开展打下了基础。这种外化的过程渗透着教师自己的成长，感受到了体验的乐趣。学校就推动此工作引导教师逐步体会、认知。具体过程可概括为四个字：拓、挖、思、悟。

(1) 拓

教师对课程标准的把握需要一个学习的过程，学校要求老师低下头，从基本的字句开始研读，让大家体会。新课标明确指出：新的课程要面向全体学生，注重素质教育，突出学生为主体，尊重个性差异。结合这一理念，教师必须重视备课过程中的个性设计，领会新课标精神。国家课程标准是教材编写、教学、评估和考试命题的依据，是国家管理和评价课程的基础，应体现国家对不同阶段的学生在知识与技能、过程与方法、情感态度与价值观等方面的基本要求，规定各门课程的性质、目标、内容框架，提出教学和评价建议。教师必须认真地研读课标，因为有些意图和要求单纯看课本是看不出来的。不同版本的教材由于对课程标准的理解不完全一样，在编写体例和材料选择上都有较大的差别，所以教师一定要认真地研究课程标准和教材的编写意图。特别是要看一下教材编写者对教材解读的文章，理解他们的编写意图和教材的特点。教师只有自己理解和掌握了教材，才能把课标和教材的内容转化成自己的知识结构，指导学生。

(2) 挖

学习的过程总会有困惑，有时会随着学习的深入突然顿悟，这其中挖掘的意识不能少。课改以来，教师总认为对课标的理解和把握没有问题，关键是根据自己的理解把课标和教材的内容转化成学生的知识和价值观，也就是怎样教会学生。其实更为重要的，是教师对课标的理解和把握是否准确，只有教师真正理解和掌握了课标和教材，对学生的引导才能准确到位。因为课程标准中有些东西在教材中并不能都体现出来，特别是一册书、一个章节很难完整地体现课程标准的总体要求。各科的课程标准，都有总体目标和阶段目标，而这些在教材中是看不出来的，必须学习课程标准。在课程标准中有质的要求，也有量的要求。

现在提倡“一标多本”，即各门学科全国只有一个课程标准，但教材可以多样。这种教材的多变，也给老师把握教材带来了难度。对于学生来说，用什么教材都无所谓，因为对于他们来讲，不管用什么版本的教材都是新的。而对于教师来讲却大不相同。教师如果不能熟练地把握教材体系，就难有效地引领学生学习，教学的效率也就大打折扣。其实，把握教材不仅是指理解教材中的每个知识点，更是对教材的整体把握。学习课标，要求教师熟悉本学科的课程标准，了解教材编写者的意图，清楚整个学段教材的逻辑线索，能够把前后相关的知识整合起来。

(3) **思**

思考有程度上的不同，但首先要进行独立地思考、主动地思考。教育的目的在于引导。教师备课最习惯的是“通教材”，即仅仅是把教材的知识点从头到尾“通”一遍，把不明白的问题和重点、难点搞清楚，一般是教哪册“通”哪册，并没有注意教材的整体性和课标的要求。而新课改要求教师要整合教材，不管教哪个年级，都要了解整个学段的课程标准的要求和教材的编写意图，要从教材的知识体系、能力体系和价值体系三个层面来把握教材。新课程提出了三维的课程目标，这就是：知识与技能、过程与方法、情感态度与价值观。有的老师认为这三维的课程目标是个形式，在课堂教学中没有多大用处，所以不必堂堂呈现，堂堂落实。有的老师认为：一节教材、一篇课文如果多课时处理，只在第一课时有课程目标就行了，后边几课时就没有必要了。也有的老师认为：三维的课程目标老师知道就行了，不必告诉学生。多少年来我们习惯于叫“教学目标”或“学习目标”，而这次课程改革改为“课程目标”，这不是一个名称的变化，是有深刻内涵的。过去“课程”和“教学”是分离的“二元独立模式”，课程一般是指学校教育（课内教育和课外教育）的内容，是学校教育的计划和进程。教学是指“教师的教和学生的学的共同活动”。这次改称“课程改革”而不叫“教学改革”，是有意识地把课程和教学整合在一起，课程中也包含了教学。

（4）悟

最能体现教师专业水平的是课堂教学，而上好课的前提是备好课，要备好课不体悟课程标准是不现实的。所以，教师要钻研教材，吃透教材，根据课程标准合理安排课堂教学时间。课堂教学要成为课程的开发过程。教学不再只是忠实地实施课程计划的过程，而应成为课程知识的建构与开发的过程，是师生共同创设课程的过程。课堂教学要成为课程的体验过程。课程不只是“文本课程”（教学计划、课程标准、教科书等文件），而更是“体验课程”（被教师与学生实实在在地体验到、感受到、领悟到、思考到的课程）。这意味着，课程的内容和意义在本质上并不是对所有人都相同的，在特定的教育情境中，每一位教师和学生对给定的内容都有其自身的理解，对给定内容的意义都有其自身的解读，从而对给定的内容不断进行变革与创新，以使给定的内容不断转化为“自己的课程”。所以教师不能仅仅局限于课本，要让学生用自己的直接经验和参与性活动理解知识，体验课程；要尽可能地拓展学生的视野和知识范围，给学生补充一些相关知识，或启发学生思考、讲述教材外的相关知识。

学校开展的推进式学习，旨在让教师用自己的钻研行为来改变自己的教学行为，尤其对目标的理解。三维的课程目标不是三个目标，是一个问题的三个方面。如同一个立方体都有长、宽、高三个维度一样，课程目标也有三个维度：学生学习任何知识和技能都要运用一定的方法，不管是好方法还是不好的方法；都要经历一个过程，不管是主动探究还是被动接受。在这个学习过程中，学生总会伴随一定的情感和态度，不管是积极的情感还是消极的情感；不管是敷衍的态度还是认真的态度。伴随着知识和技能的学习，总会有一定的价值取向，不管是正确的还是不正确的。所以说三维的课程目标是一个问题的三个方面，而不是独立的三个目标。在课堂教学中不能完成了一维目标再落实另一维目标，它们是联系在一起的，就像一个物体，不可能只拿起“高”而不拿起“长和宽”一样。只有目标确立准确了，才不会偏离方向。

2．解读教材

(1) 为什么要开展说教材活动

基础教育课程改革已经进行了多年，应该说取得了一定的成效。但在课程改革过程中，一些基层的教学研究者和一线的教师往往更多地关注教师的教学方式和学生的学习方式的变革，对教学内容的改革往往不够重视。我认为，在课程改革过程中出现这种现象的原因，一方面是受基础教育课程改革纲要中明确倡导的基本观点，即“课程改革特别要注重教师的教学方式和学生的学习方式的变革”的影响；另一方面，一些基层的教学研究者和一线教师们往往认为教学内容是国家规定的，教师只要按照教材上提供的内容教好就行了，不需要再进行过多的研究。此外，一些学校管理者也存在片面的认识，他们认为现在分配的教师都是正规院校毕业的，在知识上是没有问题的，关键是教学方法问题。当然，如果我们问一些刚参加工作的青年教师，你对教材把握的如何？他们的回答多数是很肯定的：没有问题，书中的内容我都能弄懂，每一道题我都会做，每一篇文章我都会讲解。另外，上级部门搞的一些教学研讨活动、论文征集、课例征集等评比活动也多数都是针对教师的教学方式和学生的学习方式来进行的，搞的一些课程改革的推动会也多是片面追求教学方式和学生的学习方式方面的创新。然而，对于教学内容方面的改革却很少有人去关注，认为那些都是教育专家的事情，不是一线教师的事情。

针对目前的这些情况，我们感到很恐惧。试想，如果一位教师连教材都没有把握好，对教学内容不能融会贯通，再好的教学方式和学习方式又有何用，又怎么能提高课堂教学水平呢？这就如同一名出租车司机，如果他对乘客所提出的交通线路都不熟悉，再好的驾驶技术又能起什么作用呢？如果一位教师对所教的教材非常熟悉，即使他的教学方式不是特别的优化，我想他也能达到最基本的教学目标。所以，无论进行怎样的课程改革，钻研教材、吃透教材应是每一位教师永恒的基本功。尤其在当今课程改革搞得轰轰烈烈的时刻，我们更应该关注教师对教材的把握情况。其实，很多的特级教师，他们的教学效果之所以好，与他们对教材的把握是密不可分的。比如，特级教师魏书生到全国各地讲初中语文，从来不带教科书和教案，也不让学生提前预习，而是上课后让学生随意点课，学生愿意学哪一篇就讲哪一篇。这就如同一个厨师一样，客人点什么菜就做什么菜。魏书生老师说："整个初中学段语文教科书，有多少篇小说、多少篇诗歌、多少篇散文、多少篇古文，我都烂熟于心，不需要看教科书。"一部分语文教师认为语文教学无规律可循，不像数学教学一样规律性强。而魏老师通过对初中六册语文教科书进行认真分析后，认为语文知识也有很强的内在规律。他用"知识树"的形式概括了初中语文的知识结构。再比如说，北京市数学特级教师孙维刚，从初一教到高三，连续六年大循环教学。他在教初一数学时就开始渗透高中数学知识，因为他对整个初中和高中学段的数学知识非常熟悉。他从来不给学生加课和补课，从来不给学生留家庭作业，直到高考前都在讲课。而学生学得很好，考试成绩也非常好。有人问他数学怎么学，他说："八方联系，浑然一体，漫江碧透，鱼翔浅底。"他把这种教学方法叫作"结构教学法"，讲究新知识和旧知识的比较和联系。

由此可见，课程改革进行到今天，我们必须重新认识把握教材、吃透教材的重要性。而扎扎实实地进行说教材活动正是为了使更多的教师更好地把握教材的重要途径之一。因此，必须扎扎实实地搞好说教材活动，以此锤炼教师的教学基本功。

（2）怎样开展说教材活动

开展说教材活动首先是要引导教师理解教材、吃透教材，更好地把握好教材。换句话说，把握好教材是说教材的基础。那么，如何更好地把握好教材呢？首先要引导教师反复深入地学习各个学科的课程标准。因为国家的课程标准是唯一的，但教材却不是唯一的，专家们可根据国家的课程标准编写出各类不同版本的教材，但无论哪个版本的教材都需要在课程标准的指导下编写。所以，教师们只有对课程标准把握好了，才能站在更高的层次认识教材、把握教材，真正体现新课程标准提出的“用教材教，而不是教教材”。

研读课程标准，首先应该明确课程标准对整个学段教材的总体要求。其次，要明确课程标准对各个年级教材的教学要求。在理解课程标准对整个学段教材和各个年级教材要求的基础上，再研读整个学段的教材，弄清整个学段教材的编排体系，即整个学段的教材都包括哪些知识，这些知识又是按照什么样的逻辑顺序串联在一起的，在这些知识的学习过程中要培养学生的哪些能力，这些能力的形成是如何渗透在各个不同年级的，在传授知识和培养学生能力的过程中教师应该渗透什么样的情感态度和价值观。也就是说，教师在整体把握教材的基础上，要弄清楚整个学段的教材对学生的知识体系要求、能力体系要求和价值体系要求，可画三棵树，分别为：知识树、能力树和价值树，以更直观地反映出整个学段教材的要求。

另外，通过研读整个学段的教材，还要弄清楚前后教材中的哪些部分是可以整合的，前后教材的内在联系是什么，只有明确了各个不同部分知识之间的关系，才能更好地用好教材。在把握整个学段教材的基础上，可开展整个学段说教材的活动。说整个学段的教材一般是在每学年的第二学期放暑假时具体布置，要求学科组的每一位教师不管是教哪个年级的，都要精心准备。在暑假开学前，以学科组为单位，人人登台进行讲解，学科组内的教师可相互学习，相互借鉴，最后通过学科组教师的共同研究讨论形成比较完善的学段教材知识体系、能力体系和价值体系这三棵树，同时要做好对教材的深入分析。写教材分析要从以下几个方面来写：

①课程标准对本学段的基本要求是什么（质的要求和量的要求），应如何落实这些要求；

②本套教材的编写意图和体例是什么；

③本套教材包括了哪些知识，是以什么样的逻辑线索把这些知识结

构构建起来的（要画出知识树并加以说明）；

④本套教材哪些知识可以前后整合起来；

⑤本套教材所蕴含的能力体系和价值体系是什么；

⑥初中和高中要分别说明考试大纲的要求；

⑦如果学校领导让我从初始年级教到毕业班，我打算如何处理这套教材。

写完教材分析后，以教研组为单位人人登台演讲，把自己画的知识树投到银幕上（或画到黑板上），讲解自己对教材的理解和处理设想。

当然这项工作不可能一遍完成，要反复讨论，烂熟于心。其次要说一册教材和一个单元的教材。说一册教材和一个单元的教材也是按照以上七个方面说，只是说一册教材比说一个学段要具体一些，说一个单元就更具体了。一般是在秋季学期说单册教材，在寒假说春季学期的双册教材。

我校开展的说教材活动，分为说整个学段的教材、说一册书的教材、说一个单元的教材、说一课（节）书的教材、说一课时的教材五种形式；另外，有的学科根据知识之间的内在联系还进行了专题说教材活动。在各类说教材活动中，各个学科说教材的总体框架基本一致，教师们都紧紧围绕自己设计的知识树展开。近年来，我校组织了多位教师参加全国性的各类说教材展示和示范活动，参与这些活动最终的结果是锻炼了一批中青年教师，使一批中青年教师开阔了视野。从一些中青年教师的教学反思中，我们看到了这些中青年教师积极上进、渴望进步的心理。在王敏勤教授的指导下，我校开展的说教材活动不断地推向深入，教师们的认识也越来越深刻，由开始盲目地进行，到现在有序地进行，经过了四年多时间的历练，说教材活动取得了显著的成效。

（3）我校开展说教材活动的具体做法

对课程标准的深入学习，既是引导教师厘清教改理念、扎实教学技能的过程，同时也是为下阶段活动打基础的过程。理论的学习、理念的转变，要靠实际行动去检验。学校将收集到的教师学习课标后制作的

"成果"公布在校内资源网上，形成相互交流的平台，作为体悟反思的蓝本，但更重要的是实践操练的过程。

新一轮基础教育课程改革提出教材仅仅是个例子，教师要用好教材，超出教材。一个教师只有把教材吃透了，才能灵活变通教学方式，才能用最少的时间给学生以最大的收获，才能提高课堂教学的效率。王敏勤教授对"说教材"这一全新的教研活动下了定义："说教材就是以演讲的形式，运用知识树对一门学科的一个学段、一册书、一个单元（章、组）或一类知识的教材进行解读和整合，主要包括说课程标准、说教材、说建议（教学建议、评价建议和课程资源的开发建议），简称'三说一看'（看演讲）。"之所以是说"教材"而不是说"课本"，是因为教材包括了学生用书（课本）和教师用书，有些学科没有学生用书（如体育），只有教师用书。而"说教材"与"说课"又有区别：说课是对一篇课文（一节教材）或一课时的教学设计的说明，虽然也有对教学目标和教材的分析，但更多的是谈教学设计，是在微观层面上；而说教材是在中观层面（一个单元）和宏观层面（一册书、一个学段），角度不同、高度不同。特别是对课程标准的解读和把握，对一个学段、一册书、一类知识的整合，是说课达不到的。说教材不但不是代替说课，还有助于教师在说课时从整体上对一篇课文和一节教材的理解和把握。

根据专家的建议，我校按照逐层深入、逐渐推进的原则，在组织学习《课程标准》的基础上，进行说教材培训、指导，还有意地借鉴了其他省市的经验，开展一系列培训。随后组织教师针对一篇文章或一节教材、一个单元、整个学段、整册教材进行说教材。学校广泛的动员、精心的筹划，带动教师课下积极准备，相互学习，适时展示。教师精美的课件、流畅的表达、丰富的例题，折射出教师们踏实研究教材和集体备课的成果，提升了对教材的把握和挖掘的能力。所谓"磨刀不误砍柴工"，很多教师深入系统地梳理教材，领会编者的意图，依据《课程标准》、学生的知识能力基础和身心成长规律，从不同角度科学合理地构建知识体系、能力培养体系、学法指导体系、德育渗透体系，这样的过程、这样的经历给予老师的锻炼是有益的，极大地促进了教师队伍的成长。这项活动主要经历了如下的阶段。

①示范

“说教材”对于老师们来说是个新鲜事，开始大多数教师表现出畏难情绪。学校首先从电脑操作有一定基础的年轻教师和教学骨干中挑选一批先行试验。在专家的指导下，结合说教材的体例撰写说教材的稿子，再集中培训课件的基本制作，这样一部分教师先动起来。因为每一学科的知识都有系统性，所以我们要求教师不仅在学生学习某一篇课文某一节教材时要整体建构，还要运用纲要信号把这一章节的知识及时纳入更大的知识体系中去。师生要站在系统的高度去教学和学习知识，让每个知识都是以系统中知识的面貌出现。正如王敏勤教授所说：“这就如同一片树叶，如果把树叶摘下来交给学生，这片树叶很快就会枯死，学生手里只是一片枯萎的、孤零零的树叶。而现在是让学生学习树上的一片树叶，这片树叶是整棵大树的一部分，永远充满生命的绿色。”先整体后部分的认识观反映在教学上，就是要学生先整体感知和理解教材，然后再深入学习教材的关键部分，先解决主要矛盾，后解决次要矛盾。学习也是一样，一开始对教材有了整体的把握，教材中的某一部分就很容易理解了，教师也没有必要一部分一部分地分析和讲解了。为了增强感官意识，学校组织了先进教师进行示范。

②普及

经过一段时间的接触，又有很多老师接受并认可了说教材这种教学方式。于是，学校进一步提出更具体的要求，扩大说教材的覆盖面。同时，让老师们去体会：当学生进入一个新的学段时，如小学、初中、高中等，教师在教一门课的时候，首先要上一堂综合课，把本门学科在这一学段的知识结构给学生讲清。结合知识树或纲要信号图表把这本书的知识结构给学生讲清楚，让学生从整体上了解全书的知识结构，在头脑中有一个整体的印象。一册教材可以画成知识树，要学习的每一部分知识都是这棵知识树上的一根分枝、一片叶子、一颗果实。学生一开始不懂不要紧，因为他还没有学到，在以后的教学中要不断地认识这棵知识树，把所学的每一部分知识都回归到知识树上来，一个学期结束，一册教材的知识树在学生心中早已生根开花结果。当达到一定的认可后，学校以教研组为单位，拉开了“人人说教材”活动的大幕。

③展示

学校先组织所有讲授中考学科的教师说教材的展示活动。老师们针对整个学段、整册教材、一个单元、一篇文章或一节教材进行。先请8名教师在全校范围内进行说教材示范，24名教师在全校展示，28名教师在学科组内展示。纵观52名教师的表现，我们深受鼓舞，讲授中考学科的教师多为班主任，且考试压力大，工作繁杂可想而知，老师们认真的态度表现出了良好的职业素质。教师们课下积极准备，相互学习，踏踏实实研究教材和积极参与集体备课，提升了对教材的把握和挖掘的能力，也涌现出一批年轻教师，为“走出去”参赛奠定了基础。

④提高

由学校领导带队，率我校5名不同学科的教师前去参加在河南郑州举行的“全国首届‘和谐杯’中小学说教材大赛”活动。来自全国13个省、市、自治区的655名代表和郑州的150名教师观摩团参会，有317名教师参加大赛活动。在精心的准备、策划、把关下，参赛的5名教师载誉而归，全部获得较好级别的奖项。政治学科黄艳老师获一等奖，语文学科张艳祥老师、数学学科张丽芬老师、外语学科张睿老师、物理学科刘克芹老师均获二等奖。由全国和谐教学法研究会主办、天津市滨海新区大港教育局承办的“全国第二届和谐杯‘说课标说教材’大赛”在大港六中拉开了帷幕，来自全国各地14个省市自治区的900余名选手参加了角逐。我校选派的6名选手经过精心的设计和充分的准备，发挥出了自己的水平，均获得不俗的成绩，其中孙华、王亚力、张华三位老师荣获一等奖，狄雅婷、边学芬两位老师获得二等奖，陈芳老师荣获三等奖。

比赛过程给老师们提供了一次非常好的锻炼机会，虽然承受着相当大的压力，但他们都没有退缩，凭借自己的努力实现了自身专业的提升，用优异的成绩表达了对帮助他们的同行的感谢，用自己的亲身经历为学校积淀了教学经验的财富。与其说这是在比赛，不如说这更是一种培训，这样的机会值得教师珍惜。

⑤感悟

经历是一种财富，经历是一种成长。经历了就会有感动、有领悟。记录下自己的成功经验和教学智慧，记录下自己的失误并对失误加以总结并采取补救措施，记录下自己的教学灵感和心得体会，记录下自己的收获和成长的脚印……

第五章

校本培训策略

木桶理论是指围成木桶的所有木板必须尽可能一样高，这样木桶的蓄水量才能达到最大值。学校是一个知识分子高度聚集的地方，教师中常常会产生一种谁也不服谁的心态。我们进行校本培训就是要使每一位教师都有所发展。

长期以来，教师的教育思想往往是在被动条件下形成的，教师的主体精神没能在观念改革上得到发展和提升。这种情况下，接受有关教育思想的培训，时常停留在字面上或表层上，而从教师发展的角度来看待教育观念和思想的建设，就应当创造条件，使教师主动地去理解教育，从一个实践者的角度体味元教育的问题。

学校一直倡导一种理念,就是对于教师来说，培训是最好的福利。学校通过多种形式的培训，目的是要打造一支一流的教师队伍，提高教师对自身事业的责任感、对教科研工作的认同感，从而提升教师教科研的水平，推动课堂教学改革，促进学校的发展。但培训不能随随便便，不能只看眼前，而应该统筹兼顾，突出重点，讲究步骤。

校本培训是教师专业可持续发展的有效途径之一。教师素质的提高绝不是单一地通过组织培训就可以实现的，必须建立一种能够不断激发教师内在发展动力的发展性培训机制和手段。在构建发展性培训机制的时候，一方面要注意教师当前的教育教学困难，同时，也要强调教师对未来教育中可能出现的问题的关注。要有效地避免“头痛医头，脚痛医脚”的问题，要实现对教师前瞻性、全方位发展的关照，不要停留在教师培训低水平重复的误区。通过校本培训，提高教师的专业知识水平、教研结合的能力，促进教师角色的转变。

第一节　完善校本培训模式，实施科研兴师战略

学校开拓校本培训的途径和方式，构建了校本理念、校本活动（各种业务比赛）、校本科研、校本文化（教师文化，课堂文化，制度文化，管理文化）、校本管理（教案共享、学练卷）、校本教材等多种培训模式。学校先后制订了首席教师、学科带头人和骨干教师的培养方案和考核办法，制订了3年内的青年教师、3–5年内的青年教师、5–10年内的青年教师的培养考核办法。

围绕以上要求，学校积极给教师搭建平台，举办相应的研究课及不同层次教师的优秀课竞赛活动，如首席教师、学科带头人、骨干教师展示课，青年教师研究课等，进行优秀教学设计方案与学案、优秀试卷、优秀课件、优秀教学案例、优秀作业设计、优秀论文等的评比交流；举行说课、读书论坛等活动。让教师们在这些活动中反思自己的课堂教学。同时，学校每学期或每学年都对这些要求进行严格的考核评价，考核评价结果与教师的绩效奖金紧密结合。

加强校本培训，引导教师写教学反思，通过课堂教学反思提升自己的专业化水平。学校的教研组、备课组逐步改革备课方法，提倡学术争鸣，务实地开展研究工作，既加强集体备课和学术交流，又注重个案分析研讨，改革备课模式，提高备课的实效性。按照教学内容，每位教师承担一定的备课任务，任课教师先进行主备，提出自己的观点，然后进行说课——研讨修改——上课——自评反思——研讨修改——上课。在教学实践中，我们探索出了分层教学的可操作性的教学模式，现在我校正在围绕分层教学开展课堂教学改革。同时，“导入新课，明确目标；

自学指导，整体感知；检查点拨，探寻规律；练习达标，拓展提高”的四环节整体建构的和谐教学的课堂教学模式也正在各个不同学科中实施。实践证明，以学生为本，研究课堂教学，进行教育科研必须采取求真务实的态度才能收到真正的效果。把教育科研习惯化、制度化，最大限度地发挥教师的智慧。

教师专业能力必须在先进思想和方法的引领下，才能逐步实现提升，这一点在领导班子中达成了共识。尽管学校经费非常紧张，仍不惜投入大量资金支持教师的学习培训。学校把加强校本培训作为重要一环，采取了多种形式，促进教师观念的转变和综合素质的提升。

学校编辑并刊出了校本学习教材《沟通与碰撞》理论篇、实践篇、思考篇3本校本培训材料，组织教师们每周写一篇教学反思或学习笔记，思考失败之处或反思自己的教育教学行为。纵观老师们的笔记，有的教师反思教育教学是否让不同的学生得到了不同的发展；有的教师反思自己的教学是否真正达到了教学目标；一些教师常常记录下教育教学过程中的所得、所失、所感。

第二节　加压力，促青年教师迅速成长

教师的成长是一项工程，我校青年教师居多，学校专门出台了《青年教师培养方案》，并制订了培养目标，使得一些年轻教师迅速成长，担当重任。成立青年教师沙龙，大力提倡培养自觉自愿地撰写教学反思札记的习惯，沙龙团体定期开展活动，为青年教师的专业发展搭建思想交流、教育研究、教学研讨、成果共享的平台。学校将青年教师队伍建设列为重点工程，全方位地提高青年教师的师德修养和教育、教学、科研综合能力。

一、札记积累

成立青年教师文化沙龙，旨在引导青年教师加强学习。学习是发展的前提，只有不断学习，才能不断提高。学校积极引导青年教师读好书、好读书，并开放阅览室，开出读书清单，推荐一些优秀的图书，引导青年教师加强读书积累，通过心得交流会、读书报告会、教师论坛等形式，提升教师的理论素养。因为教师的教育理论学透了，教育水平自然不同凡响。为促进青年教师多读书，学校领导提出要求，督促青年教师养成撰写教学反思札记的习惯，与他们建立教育教学思想、活动、学习的交流机制，从而提高青年教师的综合能力。让青年教师认识到：差距来自于每一天的些微松懈，优势则取决于每一天的扎实积累。一位教师只有经常地学习、积极地实践、自觉地反思与调整，用研究的眼光看待日常工作，才能从平凡的、司空见惯的事物中发现问题，才能在平凡的教学实践中寻找到教育的真谛。

二、文笔交流

在专业成长的道路上，教师本人是自己专业成长的主人，再好的学校和再好的校长，也只能起到引导、扶持、帮助的作用，关键还是看教师自己。学校采取的帮扶手段是“半强迫”式，先组织教学领导和资深教师与青年教师笔谈交流，青年教师要按照学校的要求，积累教学心得，或反思、或札记、或随感、或见闻，书写在固定的本子上，每周不少于3篇；而后学校领导定期回收笔记本，审阅的同时附上一些激励、指导性的话语，或提出一些思考话题，有时也会亲自面谈交流，沟通思想，及时肯定他们的学习效果；到一定阶段后，再适时召开交流会、总结会，学期末进行专项总结表彰，这样善始善终的系列活动给予青年教师很大的压力和动力，一些教师由被动逐渐变为主动，习惯就这样被培养起来了。学校用这一方式，有重点地助推了青年教师的专业成长，促使他们中的优秀分子将自己的经验进行总结升华，变成文字与更多的人交流，朝着成为一名能做、能说、能写的优秀教师目标努力。

三、以赛促学

比赛是推动进步的有效方式。随着学校的发展，迎来了很多外校来参观学习的同行，也有了更多的走出去锻炼的机会。学校有意识地外派青年骨干教师代表学校外出上课、讲学，这样的外出活动一方面使外派教师产生自豪感、成就感；另一方面更能使其产生责任感、使命感。每一次外出都是一次历练，准备的过程、选拔的过程都是一种锻炼和提高，使得外派教师反复备课、认真上课，每次都能突破一点，综合能力显著提高。同时，在与外地的领导、专家、老师的积极交流中，可以开阔思维，借鉴外地教师的经验，促进内外结合，相得益彰。我们明确提出，不在乎比赛的名次，更看重对年轻教师的锻炼，不硬派、不承包，每次重大活动要设有教师自主申请环节，让真正有意愿提高的教师多锻炼。学校先后选派2名教师参加在北京大兴举办的同课异构；3名教师参加在天津东丽举办的教学模式课堂展示；3名教师参加在北京举办的“四大流派”课堂交流；5人参加在河南郑州举办的首届全国中小学教师“说教材”比赛；6人参加在天津大港举办的第二届全国中小学教师“说教材”比赛。每次在校内开展的选拔赛，都会组织更多的教师参与其中，还配合开展校内的单项比赛，如青年教师书法比赛、教学模式演讲、我的教学片断介绍、教学情境问答、教学设计展示等活动，让他们更有信心地走出去，在各类活动中锻炼自己。

四、师徒结对

在学校一系列的举措压力下，青年教师投入了极大的热情和期盼，他们都希望通过活动进一步加强与校领导的沟通与交流，提升师德和业务素养。比赛获奖不是目的，但会使教师们格外重视，高度自觉。通过一系列的比赛，激励青年教师互相学习，彼此促进。学校还充分发挥现有的资源，将经验丰富的教师、学科带头人与青年教师结对子，订立“师徒协议”，提出具体的帮助措施和培养目标。要求在“师带徒”的过程中，师傅要切实履行职责，“包”徒弟备课、上课、辅导，“导”徒弟语言、行为、思想，考核做到师徒“荣辱与共”，这样不仅使徒弟少走弯路，快速进步，同时也更有效地调动了更广泛的教师群体，形成团结、积极、互助、提高的教研氛围。另外，举办骨干教师与青年教师联谊会，开展学术交流与讨论，促进青年教师的个性化发展和他们教育教学水平的提高，使学校涌现出了一大批年轻有为的教师。

第三节　开阔视野，支持骨干队伍外出学访

重视人的长远发展是课程改革乃至学校发展的重中之重。教师是培养人的人，如果教师是局限的，学生就无从发展，所以，教师必须走出固步自封的教学状态。我们鼓励教师走出去，以开放的精神将自己的认知与他人交流，以谦虚的态度去肯定他人的优点。只要有学习的机会，学校就克服困难让老师们参加，帮助教师高起点“充电”“换脑”，提升理论素养，使得学校教师在专业化发展的道路上，整体向前迈进了一大步。对教师参加各类教研活动、课改培训、班主任培训等学习活动，学校全力支持，尤其是学历进修，学校在时间、工作安排上给予保障，并对毕业后获得教育硕士学位的教师进行一次性奖励。同时，重视学后的工作延续，让外出学访成为校内工作进一步提升的契机。

第四节　内部挖潜，实施同伴互助

外出学习比赛的机会毕竟是有限的，而且培训不能只针对某个人，应该是全体教师都参与的事。我们深知，举办一次培训不可能马上发挥多大的作用，但量变引发质变，只要有针对性地多举办培训就会有成

效，教师的思想和行为就能发生质的变化。外部的力量是受限的，因此就更应该立足本校，依靠自我，挖掘学校内部潜力，挖掘教师的潜能，利用一切可以利用的资源进行富有实效的培训。组织学校范围内的互助指导，最终目的是要切实把学校总结提炼的教学思想、课题成果应用到教学实践中，促进课堂的变化，促进学生的发展，促进教师的成长，促进学校的提升。学习交流可以帮助教师从冲动的行为中解放出来，批判地审视自己的教学行为、教学程序、教学结果等，不断探索与解决自身与教学目的、教学工具等方面的问题，从而使自己朝着“学者型”教师方向发展。所以，我们每次外出学习后都要组织相关范围的教师校内互助，进行校内培训交流，扩大影响实效，树立骨干教师的责任意识和引领作用。

第五节　注重分层培训

教师是教育目的的实现者，教育活动的指导者，教育方法的探索者，教育实践的创造者。只有鼓励教师实现人生价值，创造人生辉煌，才能有效地带动学生走向成功。我校地处城市城郊接合处，生源的素质参差不齐，这就需要我们的教师具有更完备的育人理念，用团队的合作精神与集体的智慧，去实现学校工作总目标。这就要求要重视教师队伍建设，要创造条件促进他们的发展和提高。学校教师是一个群体，存在着不同年龄、不同教龄、不同学科、不同成长背景等多方面的差异。学校在着眼教师的发展过程中，要针对不同教师的特点区别对待。我们在教师发展和培养方面进行了多方面的实践探索。

一、良师培养策略

学校要想持续发展、有后劲，必须打造一支具有良好的职业道德和优良的教学能力的教师队伍。为此，我们做了多方面的努力。

1．让教师静心工作

在日常工作中，教师们本来就被繁杂的事务性工作搞得筋疲力尽，在物欲横流的价值取向的刺激下，有些教师在功利心理的驱使下，不免心浮气躁。当一个好教师，必须静下心来，专心教学。静心才能静悟，为了实现教师“静态”工作，我们提出了“七静三品四用”要求，学校领导要深思熟虑做实事，减少一些不必要的务虚的东西，给教师省出时间，如减少会议、压缩内容，减少负担，不提倡教师、班主任自习课进课堂，德育处统一管理，课间操实行学校统一监控，等等。这些都收到了良好效果，让教师静下来专心教学和进行专业发展。

2．请进来

教师工作时间越长，保守残缺的思想就可能越严重，因此给教师转变一些观念、更新一些思想是非常必要的。年轻教师工作时间短，缺乏实际工作经验。给年轻教师以指导和点播，让他们尽快成长是十分必要的。名师的一种方法，专家的一个观点，很可能使我们的老师发生质的飞跃。基于这种认识，近年来，我们聘请了全国和天津市的名家来我校为教师们进行培训达21次。

3．走出去

打开校门走出去，开阔教师的视野，让老师们在体验中得到启迪，是又一种提高教师素养的办法。得知山东省课改实验走在全国前列，学校曾两次组织部分教师和全体教师到山东省邹平县进行学访考察；了解到江苏省宜兴市实验中学召开课堂教学改革经验交流会，学校选派3名骨干教师前去参加；河南省安阳市举办全国说教材展示，学校选派11名教师亲自去观摩学习，并争取了6名教师参加现场说教材展示；听说大港二中有全国六省市研究课，学校为老师争取到了一节展示数学课的机会，这节课受到专家的高度点评。近年来，我校先后派出380余人次外出参加业务培训或听专家讲座；还组织全体教职工到山东邹平魏桥实验学校、九沪中学等地，亲临课堂，接触教师，走访学校的每个角落；只要是对学校的教育教学有益的培训，学校在资金和时间上都给予大力支持。

4．自挖潜

一是加强校本教研并制度化。在组织形式方面，先由教学质量处安排课表化的校本教研时间，分为大学科组教研和年级备课组教研两种形式。日常的教研活动通常在年级备课组进行。凡教研活动，学校相关领导一定到会，做到实地跟踪并予以教研指导。在备课方法方面，按照教学内容，每位教师承担一定的备课任务，任课教师先进行主备，提出自己的观点，然后进行说课——研讨修改——形成教案——上课——自评反思——研讨修改——形成电子教案， 提供给下一个年级。在制度程序保障方面，建立了“上岗培训”制度——“师徒结对”制度——“集体备课”制度——“交流展示”制度——“以评促导”制度——“教学反思”制度——教研跟踪记录表——“总结反馈”制度等。

二是实现共享教案。在教师备课方面，我们从实际出发，改变教师的备课办法，提倡集体备课，其具体做法是：备课组集体讨论教材教法——分工执笔写教案——集体讨论并修改教案——形成电子教案并共享。继而实施教案循环使用的方法，来加深对共享教案的深度交流，并定期修改完善。这样把教师从抄教案的无效劳动中解放出来，集中精力研究学生，考虑教法，这样大大提高了课堂教学的效率。而后对于课件、习题也逐步实现了资源共享。

三是课表化读书，引导教师自发学习。教师整天工作忙碌，无暇读书，他们原本的书香气渐渐散去。新形势、新教育、新课改，老师不读书不行，只低头拉车，不抬头看路更不行，基于此，学校设法安排了教师读书活动，学生自习课实行学校统一管理，在稳定教学秩序的前提下，每周有两节课是规定的读书时间，安排老师到图书馆读书，并做到了课表化，同时做到有检查、有落实。每学期我们给科任老师和班主任都推荐一些优秀图书供老师们阅读，并要求教师写读书笔记。通过心得交流会、读书报告会、教师论坛等形式，提升教师的文化素养和理论水平。让全体教师牢固树立终身学习，不进则退的理念。另外，我们注意把教育教学理论的学习落到实处，每学期学校科研处都选编一些优秀文章结集成册发给每一位教师，让老师有目的地去学习，学期末学校对教师的学习情况进行总结。

二、青年教师培养策略

我校青年教师居多，30岁以下教师有31人，占任课教师总数的40%，他们都在教学第一线，这个现象引起了学校的高度重视。学校发展的希望在青年教师身上。由此，学校专门出台了《青年教师培养方案》，并帮助青年教师制订发展规划，确定明确的发展目标。

为了有侧重地培养青年教师，学校科研处组织成立了“青年教师文化沙龙”，31名30岁以下的青年教师中，有27名报名参加了文化沙龙，占青年教师总数的90%。“青年教师文化沙龙”旨在引导青年教师加强读书积累，提倡有思想地进行教育教学活动，帮助他们自觉地养成撰写教学反思札记的习惯，为他们的专业发展搭建思想交流、教学研讨、成果共享的平台，全方位提高他们的师德修养和教育、教学、科研的综合能力。“青年教师文化沙龙”活动的主要内容有：①每一位成员必须履行青年教师文化沙龙组织规定的10条义务。②准时参加每月一次的组织活动，并做好活动记录。③活动形式有三种：a．研讨汇报式 b．咨询观摩式c．争鸣论坛式。④定期上交书面教学札记。⑤做好学年活动总结。

青年教师文化沙龙活动的开展使教师们得到了稳步发展，他们所写的教学反思札记比过去学校规定上交的教学反思有了长足的进步。具体表现在：①书写教学反思札记已成为自觉行为，有的青年教师能达到每节课必反思。②由教学反思札记可以看出，他们平时有抽时间读书。③教学反思既是原生态的个人所见，又具有一定的专业深度。④他们能认真地阅读和思考别人给予的点评。

三、名师培养策略

名校由名师而托起，名师因学校而生成，以名师成就智慧学子，由智慧学子提升名校。名师是学校最为宝贵的财富。只要我们的学校有目的地去发现人才，有计划地去培养优秀人才，终究会出现人才。清华大学老校长梅贻琦曾说："大学非大楼之谓也，乃大师之谓也。"因此，加强对各层次教师的培养，尤其是对名师的培养是学校管理工作的重点之一。我们成立了"名师培养工作室"，其职能就是培养学校名师。

1．目标培养

依据扬长避短、人尽其才的培养原则，在分析本校教师队伍状况的基础上，实现有目标的名师培养与良师建设相结合的方法，以此形成名师队伍的五个梯队：区首席教师——区学科带头人——区骨干教师——区命名校级骨干教师——校命名骨干教师。反过来，由名师交替上升拉动良师队伍进一步发展，由此达到教师整体队伍的良性发展。

2．培养流程

（1）达成共识："名师培养工作室"负责人，对学校拟定的名师培养候选人一对一进行思想交流，并提出五条要求，在信任、鼓励的气氛下达成共同愿望，形成强大的推动力。

（2）把握条件：借鉴我区首届首席教师、第五届学科带头人和第三届骨干教师的评选条件要求，分别向名师五个不同梯队传达硬性规定，以利于这些教师遵照执行。

（3）跟踪业绩：依据我区第三届骨干教师申报表的业绩要求，"名师培养工作室"即时填写名师培养人业绩情况，以便提示他们硬性规定指标的完成情况。"名师培养工作室"在关注名师成长的过程中，要深入他们的教学实际，给予适当的指导和帮助，使他们少走弯路。

3．培养途径

（1）在工作允许的情况下，一定要让他们承担班主任工作，因为教师的成长与成功都与班主任工作息息相关，可以说班主任工作是成就名师的摇篮。

（2）名师培养基本功很重要，建议他们要有两个笔记本，一本用于个人习题集，另一本用于教学反思或教学成功案例集。

（3）抓住学校龙头课题“整体建构和谐教学，提高课堂的有效性”拟定个人子课题，要求两年内子课题要有个人成果。

（4）为他们提供阅读的时间与空间，保证每周阅读不少于两课时。

（5）树立“健康第一”的工作理念，学校安排每周不少于两个课时的体育活动时间，把人文关怀与工作结合起来。

4．培养措施

（1）创造民主和谐的工作氛围，让他们能参与到学校的工作上来，在信任的激励下向前冲，让教师的潜力得到出色的发挥，使教师感到自信，并形成良性循环心理状态，越干越好。

（2）面对复杂的社会，复杂的舆论，复杂的教育，要引导教师有思想地去工作。课堂教学是永恒的研究课题，要围绕着课堂教学效益做文章。论文的质量必须源于教学实践，论文发表要讲求高层次，研究课、示范课讲求高级别。

（3）支持优秀教师参加教育硕士学习，并提供一定的方便，在不影响工作的前提下，若学习时间为工作日，按公假对待，对学业有成者给予一次性奖励。

（4）为名师培养开辟展示渠道，学校每学期要举办读书报告会、心得交流会，教师论坛和班主任论坛等活动，以此增强教师争当名师的自信心。

（5）加大与市、区及外省市学校的沟通，为名师培养提供外出考察、学习提高的机会，扩展治学视野。学访后要有书面材料向全体教师做访谈汇报。

（6）设法请一些知名专家、学者到学校进行业务培训，要教师写出培训后的思想感悟，在新理念下明确新目标。

（7）有些工作出色的教师因未能达到区级骨干教师的硬性条件规定而落选，学校可给予其校级学科带头人的称号作为鼓励，并予以适当的奖励。

(8) 名师的成长一定与所在的优秀团队密不可分，打造优秀的团队，为名师培养创设优良的工作环境尤为重要。因而，在我市下一届骨干教师评选时，学校将设立优秀教研组奖、优秀学科组奖等。

名师的培养是一个系统工程，也是一个动态工程，只有多年瞄准这个工程，并精心地打磨这个工程，方能涌现出一支名师队伍。我们告诫老师：名师成长的经历，必须以阅读和学习为积淀，必须以精细的教学研究为指导，必须以高效课堂为核心，必须以执着的爱为境界。最后还必须把握教育改革的脉搏，才可能享有名师的美誉。作为学校有责任让老师功成名就，笑对人生。

四、班主任培养策略

班主任是班级工作的组织者，班级建设的指导者，学生健康成长的引领者，是学生思想道德教育的骨干力量，是学校德育工作的主力军，是完成学校各项教育任务的中坚力量。班主任是学校最基层的领导，是学生最信赖的老师。一个班级的稳定要靠班主任，一个班级教学成绩的提高，很大程度上取决于班主任。因此，抓好班主任队伍建设是做好学校德育工作的关键，是发挥德育管理效能的基础和保证，是提高学生学业水平和提高学校办学质量的主干力量。从学校干部队伍发展来看，他们中的多数都与班主任经历有关。班主任队伍建设关系到学校的持续发展。由于班主任工作的重要，加大班主任的培养力度是学校不容忽视的大问题。

1. 健全领导机制，明确职能

学校建立了以校长为组长，主管德育副校长为副组长，德体卫艺处相关主任为成员的班主任队伍建设领导小组，其职能之一是制订相关的管理制度。学校先后制订了《班主任工作职责》《班主任例会制度》《班主任工作经验交流制度》《德育科研课题汇报交流制度》《班主任德育工作评价考核制度》等。职能之二是对班主任人选进行把关。在任用班主任问题上，必须经过领导小组研究形成一致意见，才能作出决定。职能之三是加强班主任的培养。

2. 采用多种培养模式，全面提高班主任队伍整体素质

对于新手班主任，不能全靠他们在摸着石头过河中探索，对于老手班主任，也需要更新班级管理理念，做到与时俱进。在班主任管理过程中，我校积极探索和实践班主任培养的多种模式。如理论学习、师徒结对、讲座培训、经验交流、课题研究、个别指导等。这些措施有利地促进了班主任素质和管理水平的提升。

(1) 加强学习，提升班主任的思想政治素质和心理素质。一个思想政治素质不高的班主任不可能带出一个团结向上的优秀班集体。我们除了要求班主任自觉地加强理论学习和政策法规学习外，还利用班主任会和政治学习的时间，学习“三个代表”的重要思想和时事政治以及优秀班主任的事迹，让班主任树立起“重视学生完整人格的培养和个性的充分发展”的观念；树立起“为学生创设有利于他们创造性思维和实践能力形成的条件”的观念；树立起“由保姆型、事务型向民主型、自主型管理转变”的观念。从而，使班主任能潜下心来育人。

良好的心理素质是做好班主任工作的前提，班主任不仅要对学生进行心理健康教育，而且更重要的是提高自身的心理素质。我们不仅要求班主任要经常学习心理学知识，了解学生的生理、心理发展特点。同时，还通过我校心理辅导教师结合自己工作实践向班主任介绍学生生理、心理发展特点，使班主任了解学生的心理状态，了解学生的学习心理、交往心理、个性发展特点、个性意识特点。学校还定期请心理专家为班主任举行讲座，使班主任学会自我认识、自我调整。为了使班主任缓解心理的疲惫，每学期各年级要召开一次“班主任与学生情感互动会”，通过学生赞美老师、老师欣赏学生的交流，使班主任从中体验教育的成功和亲情的快乐。

(2) 以分层培训为立足点，促进班主任研究能力的发展。一是普通培训，培养工作能力。为了不断提高班主任的研究能力和教育艺术，每学期德育管理部门都精心设计新学期班主任学习培训计划，确定重点内容，做到有计划、有组织、有记录、有考评。新的学年开始时，学校利用假期对初一新班主任进行集中培训，重点讲新生的养成教育和学校的有关规定。每逢大的对外活动，都要进行相关内容的培训，以达到教育活动的最佳效果。每逢周一，班主任例会进行集中学习。另外，根据教育的适时性聘请专家进行辅导，不断更新教育观念，掌握先进的教育手段，提高班主任解决问题的能力。二是重点培养，提高研究能力。为了促进班主任队伍建设与发展，学校着眼于“名班主任培养”。给班主任中的骨干创造各种外出学习的机会，让他们在学访中借鉴先进的教育方法、手段为我所用。学校为他们“搭台子，搬梯子”，提供更多的展示，让他们更好地发展。组织班主任论坛让他们做重点发言，把他们的典型经验、教育案例、德育论文向市区推荐参加交流和评选，同时为了记录他们的成长过程，学校将他们的教育手迹编辑成册，成为班主任学习、交流的材料。《教育案例集——心与心的对话》《责任教育论文集——责任源于关爱》《责任教育案例、论文集粹——让每粒种子长出奇迹》这三本集册已成为我校骨干班主任的成长记录，他们推动着我校班主任队伍向前发展。

（3）积极开展德育科研促进班主任理论水平和工作水平的提高。社会的发展，引起了教育的深刻变革。在变革中不可避免地会出现无数新的问题，那么德育科研工作就成为解决这些问题的有效途径。我校班主任大部分是本科毕业生，这为开展德育科研工作提供了良好的条件。为了保证德育科研工作的顺利开展，学校将德育科研制度化，提出“问题即课题”的理念，要求班主任从学生入学时起，结合学生的实际情况，制订德育工作规划并确定德育科研课题，确定研究人员，根据科研的程序进行研究。学校定期检查课题的研究进展情况，期末召开德育科研课题汇报交流会，各年级对德育科研的研究结果进行汇报，长期的坚持，使我校形成了浓厚的科研氛围。年级之间、班主任之间相互交流学习，使班主任的科研意识变成了自觉行为，有力地促进了班主任理论水平和工作水平的提高。

3．完善激励导向机制

（1）实行双向选聘。每学年工作结束前，下发新学期教师工作意向表，征求班主任工作岗位人选，然后挑选其中自愿承担班主任工作的优秀教师进行聘任。

（2）注重激励。激励方式有：津贴激励——根据考核结果发放班主任岗位津贴；关爱激励——积极为班主任提供进修的机会和成为名师的机会；升职激励——在评职、晋级等方面给予政策上的倾斜；推优激励——推出评选"优秀班主任"等活动，注重对班主任的精神奖励。

（3）健全考核评价机制。制订班主任管理办法并对班主任工作进行多元化的考核，是加强班主任工作的日常管理、使学校的德育工作都能通过班主任的具体工作得到落实的保证，同时又是帮助班主任实现工作需求的举措。第一，构建评价指标体系。建立评价指标体系主要有四项内容：一是班主任是否符合基本任职条件；二是履行班主任职责情况；三是履行班主任职责所应具备的素养达成情况；四是班主任工作的实际效果。在四项大的指标下又分解为若干个具体的可测评的指标及其权重分配。为保证其科学性和可测性，学校组织专门力量，在广泛听取班主任意见的基础上加以制订。第二，建立评价运行机制。为了防止评价的片面性，学校坚持他评与自评结合的方法，以自评为主。他评，即领导评、同事评、学生评、家长评。这些外部评价机制，一方面对班主任起着监督促进作用；另一方面，也促使班主任工作的自省。自评是班主任自我认识、自我分析、自我促进、自我提高的过程，它比外部刺激更具有持续性和有效性。评价的目的，最终还得通过班主任自身的认同、内化，才能真正发挥作用。

几年来，我校在班主任建设过程中，通过思想上、制度上、能力上、评价上等方面的教育与培养，有力地促进了这支队伍的壮大与发展，涌现出一批积极向上的年轻班主任。其中有一名班主任被评为我市"十佳班主任"，有9人次被评为我市优秀班主任。这些荣誉让我们确信，班主任队伍的建设发展，离不开日常管理，班主任的成长离不开有计划、有目标的培养，我们将继续坚持下去，继往开来，为实现班主任队伍的整体优秀而努力。

第六章

静心研究策略

记得我从事校长工作的第一年，盘点一年的工作发现：那一年，我是在事务堆里走过来的，不是写计划就是写总结，不是开会就是写汇报，不是迎接检查就是准备督导，还有其他方方面面的事情。论身体，每天处于疲劳状态；论学问，教育教学研究颗粒无收；论教育，不知教育服务于谁；论工作，丢了教育的方向。由此我想起了奋战在一线的教师，他们怎样才能静下心来教书、静下心来育人？

教师静心需要条件。静心教书需要时间，潜心育人更需要时间，时间对教师来说极为珍贵。每天两操，我们是否可以做到不让班主任到操场去监控学生，而实行集体管理？每学期4次检测，考后的分数统计是否可以由相关人员集中输入，然后提供给教师？早中晚自习是否可以实现无师管理，每周例会在无特殊情况时控制在1小时之内？如果真能做到这些，就能给教师节省不少精力，为他们提供更多静心学习的时间。我认为，凡是需要应对检查、具有虚构成分的事情，就不要让教师再做。比如：学困生帮教计划，中等生提高计划，优秀生培养计划，这些有必要写在纸上吗？教师只要有意识去做就可以了。又如：教学德育计划、课堂日志、抄写教学笔记，这不是徒劳的事吗？教学渗透教育不是有计划就一定能兑现的。课堂出现问题，教师最好在第一时间解决，写出来节外生枝反而不好。抄写笔记不如不写。我一直在设想，教师的教案能不能少写，能不能不做评比？也渴望尝试一下，我们的教师站在讲台上虽无教案，却讲得很精彩。如果做到这个程度，那才是静的真谛。

为教师减负，作为校长心静则实，方能鉴别虚的东西，做实事。

把“静”融入学校文化。“静以养身”是中国传统文化中的一种修养。得意时不骄，失败时不馁，静下心来坦然面对生活，方有一颗平常心。“宁静致远”是中国传统文化中的一种境界。心静则远，这就是站得高，看得远，认识得深刻。人各有志，放飞自己远大的理想，只有静下心来，才会拥有广阔的天空。静心静悟，问题在静中化解，是非在静中明辨，思想在静中绽放，工作在静中出色。静孕育智慧，静开发智慧，由此，静控制了冲动，抑制着盲目，克服了粗劣，驱散了功利，何乐而不为？

为实现教师静的工作状态，我们向教师提出了“七静”要求：“静下心来上好每一堂课，静下心来批改每一本作业，静下心来与每个学生对话，静下心来研究教学，静下心来读几本书，静下心来总结工作规律，静下心来反思自己的言行和方式；品味师生的情谊，品味工作的乐趣，品味生活的幸福；用智慧启迪灵性，用人格陶冶情操，用爱心浇灌希望，用汗水哺育未来。”其中，静下心来上好每一堂课是教师首要的工作。上好课的前提是备课，我们备新课一般采取个体备课与教研组碰撞的形式，在同课异构中获得最佳教学设计，反对那种一人说课大家共享抄教案的行为。备练习课则根据学生学习能力的差异采取分层练习的形式，达到练习要过课本关、过技巧关、过能力关的目的，反对练习一刀切。备复习课，采取整体建构的形式，要设置单元知识树，实施专题练习，反对“东一榔头西一棒槌”的复习现象。同时，在学校制度上提供文化保障。

如何让教师静下心来自我发展呢？我认为主要是减轻教师负担，为教师创设宽松的工作环境。

校长的工作经历使我感受到作为一名校长确实不容易，在学校正常的工作时间之内，校长根本没有多少精力和时间静下心来读书学习。联想到我们的老师，他们同样也面临着这样的问题，除正常的课堂教学外，还要进行课外辅导、批改作业、撰写教案。现在的教学常规要求越来越高，教案的规范要求细之又细，每堂课后还要写教学后记、教学反思，每学期要写教学论文、教育案例，开学初要交各种各样的计划，学期末要交各种各样的总结等。如果是班主任，各种各样的事务性工作更多，再加上学校各种各样的量化评比，教师们的确负担很重，不免有一些工作就采取应付的现象。教师们面对繁重的工作，想静下心来读书学习、提高自己的专业化水平是很难的。作为校长，必须切实减轻教师的负担，减少教师的无效劳动，减少一些形式上的东西，给教师创设宽松的环境，使他们能够有充足的时间去提高自己的专业素养。我校的具体做法有：

不强制教师坐班。教师管理主要是为了激发教师的工作热情，调动教师的工作积极性。在学校日常管理过程中，一些学校为加强坐班制，经常指派专门的管理者盯着教师上下班签到、签离，仔细记录着教师的出勤情况，这实际上是对教师的一种不信任，打击了教师的工作积极性。与其这样做，倒不如在调动教师工作积极性上做文章。我校在发现强制教师坐班的弊端后，就对教师的坐班制度进行了一些改进，如对参加教育硕士学习的教师每周给两天时间自主支配，可以不来学校。这些教师的教学成绩和班级管理水平不仅没有降低，反而提高了，而且他们的教育科研能力也得到了显著提升。教育的实质是育人，即教会学生自我管理和自我教育，引导学生做该做的事，成为自己想成为的人。在完成这一使命的过程中，完全可以以教育效果为导向评价教师的工作，而非单纯追求形式上的坐班。坐班制度不可能产生“我要做”的效果，只是停留在“要我做”的层面上。只要教师在课堂上能够引领学生高效地学习、快乐地成长，就应该给教师更多自由的空间和时间。通过分析学校里那些成功的教师，我们可以发现，没有一个教师仅仅利用坐班时间就可以把工作做得非常出色。如果我们强制教师坐班，给予教师形式上的制约，就可能导致教师产生逆反心理，教师们就可能对自己那些无法计量的付出产生抱怨，从而拒绝进行“坐班时间”之外的工作。强制教师坐班不符合教师的职业特点。是否实行教师坐班制，关键取决于实施教师坐班的目的。从实行教师坐班制的初衷来看，一方面是便于教师进行备课、作业批改、教学辅导、听评课、教研活动等，另一方面可以对教学中遇到的新问题、疑难问题及时和本学科的教师讨论，也可以随时解决学生提出的问题等。但随着信息化的发展，教师之间的研讨活动、听评课活动，师生之间的互动交流等都可以通过网络来解决。比如，我校教师就经常利用手机信息、博客等多种形式与学生进行交流或与其他教师进行研讨。所以，就实行教师坐班制的目的来看，目前废除教师坐班制是完全可以的。学校管理主要是对人的管理，对人的管理不能简单地靠约束、管制来实现。在新的教育形势下，我们应摒弃既有的在学校管理上过死、过硬的做法，应该把刚性管理和柔性管理有机结合，这样才能有效地推动学校各项事业的发展。

实施集体备课下的共享教案，教师备课求实效。备课组集体讨论教材和教法——分工执笔写教案——集体讨论并修改教案——形成电子教案并共享。教师们在应用共享教案时，还可以结合本班学生的特点适当进行修改或设计教学流程，进行个人加减，这样做的目的是减少教师无效劳动的时间，使其把精力真正用在备课上。据调查，这样做每周可减少教师五六个小时的无效劳动。这样做可以把教师从抄教案的无效劳动中解放出来，集中精力研究学生、考虑教法，能大大提高课堂教学的效率。教师们在教学的过程中有了新体会，可以及时在电脑上或共享教案上提出修改意见，每个教师使用一种颜色作为记号，一看就知道是谁的建议，过后开展集体讨论，修改后的教案供下一轮使用。

改革学校例会制度，给教师自主研究提供时间。成功而有效的学校管理，应该是最大限度地节约教职员工的时间，只有这样，教职员工才能真正成为自己的主人，校长也才能有更多的时间思考学校发展的大事、要事。近三年，我校逐步做到了使会议“瘦身“，废除了每周都开行政例会的做法。无特殊情况，一般是分别于学期初、学期中和学期末开三次行政办公会，全体会也很少开。凡是分管校长管理的处室均由分管校长按照学校的总体工作计划布置具体工作，协调解决相关的问题；

对于跨部门的事情，则先由分管校长进行协调解决，分管校长之间确实很难协调解决的事情，再由校长出面协调解决。凡是周工作计划上写得很明确的事情，就不要再打电话通知，让大家养成看周工作计划的习惯；能打电话通知的事情就不要再开会集中讲；能集中少部分人员讲的就不要集中全体人员讲。无论开任何性质的会议，开会时都要有主题，尽量减少层级传达，要一杆子插到底。对于一些常规的工作，能不开会就不开会；可开可不开的，坚决不开；必须开的，尽量合并，尽量压缩时间，提高会议质量。改革学校例会制度，给教师自主研究提供时间，有利地促进了教师的专业化发展。需要明确的是，对于重大的事情，如干部聘任、职称评定、评先评优、年度考核等直接涉及教职员工切身利益的、教职员工比较关心的事情，要毫不吝啬时间开会，尽力做到公平公正，政策公开、程序公开，要分别召开班子会、领导小组会、教代会、民主党派会甚至是全体教职员工大会等，以增加工作的透明度，减少工作的失误。

2007年8月31日，胡锦涛总书记在全国优秀教师座谈会上就曾语重心长地叮嘱广大教师要“静下心来教书，潜下心来育人”。教师静心教书、潜心育人需要时间，需要教师的心情平和而不动荡，宁静而不浮躁，专注而不繁杂，深入而不肤浅。这既需要教师从个体内部加强自我修养，又需要从个体的外部改善教师的生态环境。学校有责任为教师的静心教书、潜心育人创造良好的生态环境，为教师静心工作争取时间。我们学校通过开展静心教育，形成了“静”文化，让教师静心工作，获得自身发展，为每一个学生的成功奠定坚实的基础。

第一节　静下心来上好每一堂课（静心上课）

一、静心备好每一节课

学校教学管理部门为教师的集体备课创造各种有利的条件，在实际的教学管理中永不停息、持久地抓好备课的落实工作，注重整合、规范教师的备课流程。在备课环节上我们的做法是：

1．备课理念支撑

在学校教育中，每位教师的课堂教学面对的都是充满活力的学生，这就要求教师的课堂教学也是鲜活的，这样才能满足学生学习的需要。所谓鲜活的课堂就是在教师把握教材的基础上，整合教材的知识体系，开发课程资源。教与学是教学的一个过程，也是一个整体，教法与学法的有机碰撞才会形成良好的教学效果。我们要求教师在备课过程中就坚持这样的备课理念。

2．备课组织保障

备课过程是一个年级学科教师的集合体共同进行的活动，这就要求有完备的组织观念和有效的组织保障。学校的备课组一般以年级的某一学科为单位，在备课组长组织下，在相关教学领导指导下进行。备课时有固定地点，每周有固定两次教研时间（每次大教研时间约为两堂课；小教研时间约为一堂课），同时做好跟踪记录。

3．备课形式

关于备课形式，我校大体上有两种形式：第一种形式安排在开学前和期末前，分别集中两天进行。其中一天时间进行集体备课，作为筹划备课。开学伊始的备课主要任务是对教材进行整体建构，合理安排课时，处理好学段间、知识间的衔接问题。期末复习阶段主要是研究知识专题整合问题，并分配每位教师拟定专题复习内容。第二种形式是课时备课形式。每周安排两次教研活动，其中一次安排的时间为两课时，采取分配个体主备、全组群策形成课时教案；另一次安排的时间为一课时，主要教研内容是分析教材、各抒己见，分配课时主备人为下一次教研打基础，同时随机完善前面的教案。

4. 备课内容规定

教师的备课内容是非常关键的，备课备什么也并不是一个可有可无的问题，学校在备课的内容上有七项要求：一是集体确立三维课程目标，不能形同虚设。教师要对学生获取的知识和技能做到心中有数，学生获取知识的过程与方法做到贯穿课堂教学的始终，学生的情感态度价值观源于课堂教学，高质高效必伴随学生积极的情感态度升华。二是每一堂课要有知识树，也要回归知识树。三是教学中的每一个活动，要清晰可见且完整。四是要体现分层教学，在问题设计的拟题上要体现分层。五是要有反馈练习，在当堂课内完成。六是要呈现对知识的拓展，供有余力的学生探究，但不要作为作业硬性规定完成。七是做好教学内容的时间分配。教师在一起议一议每一个教学环节所需要的大概时间。

二、静心上好每一节课

教师的静心上课就是静下心来上好每一堂课，要求教师在课堂教学中全身心地投入，充分发挥学生在课堂中的主体作用，共同完成教学任务，实现教学目的。静心上课教师需要从以下几个方面入手。

1. 提高教学效率，实现高效教学

教师静心上课，首先教师要在课堂上努力提高教学效率，实现高效教学。很多教师在课堂教学中效率不高，于是给学生布置很多作业巩固课堂知识的学习，其实很多的作业是不必要的，如果课堂上教学效率高，留给学生作业中的很多问题完全可以在课堂上解决。还有的教师课堂效率低下，完不成教学任务，就想方设法给学生补课，增加了学生的负担。所以教师静心上课首先要提高教学效率，不能把应该在课堂上解决的问题留在课下解决。为此我校倡导“减负高效”的课堂教学，采取“软着陆”的方法，将提高课堂效率的理念具体落实，从减少补课时间入手，渐进式取消所有节假日授课，放学静校时间严格规定，对拖堂、

不按时静校的教师实行公示制，以此约束教师的教学行为，“逼”着老师研究高效教学。在毕业班复习阶段试行“学练卷”，规范学练卷的制订、使用、保存的每一个环节，加强反馈与约束，提高各学科复习阶段的课堂实效性，贯彻“功在课前、效在课上”的理念，也为毕业班的持续发展积累了大量的资料。

2．处理好课堂上“动与静”的关系

教师的静心上课要处理好学生在课堂上“动与静”的关系，确保学生全身心投入学习，发挥学生学习的主体性。在现实的课堂教学中经常存在这样一种现象，课堂教学中学生十分活跃，教师安排的活动也很多，课堂很热闹，但是却缺少一定的规则，教学中热情多于理性，课堂秩序混乱，学生始终处于兴奋之中，注意力难以集中，也没有时间进行思考、体悟，教学质量不高。所以教师静心上课在教学中就应该“动”与“静”相结合，处理好学生的“动与静”的关系，让课堂保持适当的安静，给学生留出思考的余地。学生在课堂上对教师的讲解和同学发表的意见认真倾听，也是课堂互动的“基础”，教师应让学生在课堂上默默体会，静静领悟，给学生独立思考的时间。心理学的研究表明：只有在一种静悄悄的没有嘈杂的气氛中，学生的思维才会自然放松，才会迸发出智慧的火花。事实上，智者也需要静，需要在凝视中体悟，在倾听中彻悟，在沉思中顿悟；需要在曲径通幽处悠然体会，需要在细细品味中沁人心脾。知识的学习和能力的养成，大多数由积淀养成，是日积月累的养育。所以要在课堂上让学生静下心来观察、倾听、思考和领悟。同时很多学科的教学中也需要一些“静”的环节，例如数学这样强调逻辑思考和练习的学科就需要安静的课堂，在“静”中进行演绎与推理，理化生等学科有些教学内容适宜安排活动性教学，也需要在“静”中观察和操作；语文和英语学科涉及思考和品味的内容时就应该静下来。这就需要教师在教学设计中要具有情景的针对性、活动的启发性、指引性，做到有动有静，有张有弛。

3．有效的课堂教学管理

教师静心上课需要有效的课堂教学管理来实现。课堂教学管理是课堂教学的重要组成部分，教师的教学管理要为教学创造良好的教学环境，创造稳定的和谐的富有活力的课堂秩序。因此教师要在课堂教学中注意学生言行的控制，引导学生遵守一定的游戏规则。要引导学生学会“静思”和“静听”。学生的学习是自由的，学生可以在课堂上自由地学习、讨论、发言、质疑，但是学生的学习自由是有限度的，正如蒙台梭利所言：孩子的自由，就其限度而言，应在维护集体利益范围之内；就其行为方式而言，应具有我们一般所认为的良好教养。因此只要孩子冒犯或干扰他人，有不礼貌或粗野行为，就应加以制止。所以教师要在教学中加强课堂教学管理，充分发挥学生的主体性，全身心地投入教学，提高课堂教学效率。

第二节　教师静下心来批改每一本作业（静心作业）

一、教师静心布置作业

作业在教学中占有十分重要的地位和作用，教师通过给学生布置作业，检查学生的学习情况，学生通过做作业，既巩固了所学知识，又能弥补学习中的不足。教师要静下心来批改作业，首先就要考虑给学生留下什么样的作业，学生做作业对他们有什么作用。可是在现实的教学中，教师在给学生留作业和批改作业中却存在很多的问题。我们通过调查发现，由于部分教师的课堂教学效率不高，许多应该在课堂上完成的教学任务实际上完不成，只得课内损失课外补，校内损失校外补，靠加班加点、多布置家庭作业来提高教学成绩和升学率。另外很多教师对留什么样的作业也很少进行专门的研究，造成学生的课业负担过重，学生的作业量非常大，课堂训练题不能精选，课下作业不能精心设计。在对学生作业的批改上，面对学生大量的作业，教师又经常抽不出更多的时间来批改，以致学生对自己作业中的错误总是在不断地重复，起不到作业的作用。针对这种情况，我们首先在教师的作业布置上进行改革，让教师静心考虑给学生留什么样的作业，并静心批改每一本作业。我们在学生作业的改革上，一是实行分层设置；二是南京市溧水县东庐中学以“讲学稿”为载体的教学合一课堂模式，为我们提供了可借鉴的经验，学校在某些学科试行“讲学稿”教学，讲学稿成为学生的新形式的作业。

1．学生作业布置分层设置

对学生分层布置作业是在化学学科中进行的作业改革，这项改革是在市级课题《初中化学分层教学模式》研究过程中进行的，也是课题研究的重要内容和成果。教师在教学时，在综合考查学生各个方面的差异后，根据学生的可能性水平将学生分为优等生、中等生和学习困难生三个不同的层次，并随着学生学习情况的变化随时进行调整。教师在布置作业时要充分考虑各个不同层次学生的实际情况，分层设计作业。每次课后作业一般分为必做题、自选题、思考题三种类型的题目。不同类型的题目分别由不同的学生来完成。教师给学生分层留作业，需要静心考虑学生的学习情况和作业的难度、题型的设计等，对教师具有更大的挑战性。例如，有时教师布置同样内容的作业，也可对学生提出不同难度的要求。如计算题中要求学习困难生一题一解，优等生一题多解，中等生自行选择。对于学习困难生、优等生在作业中出现个别不会做的题，教师可允许学生暂时放一放，待弄懂后再做，以防为应付而抄袭。除了书面作业以外，教师还可以布置如收集资料、家庭小实验等动手作业，此类作业弹性大，可充分调动学生的积极性，培养学生的创新能力和动手能力。实践证明，这种方式的作业改革有利于学生学习，提高了教师的教学效率和学生的学习效率。

2. 用“学练卷”取代相应的学生课后作业

学练卷不同于一般的练习试卷，它是根据学生的认知规律和学习特点而为学生设计的学习流程，它不仅是教师教的依据，更是学生学的依据，也是学生复习的依据，它重点关注的是学生的学，而不是教师的教。学练卷涉及主要内容及使用等几个问题。

（1）学练卷的主要内容

课时学练卷主要包括以下内容：三维课程目标（让学生知道学什么，达到什么学习要求）、教学活动安排（让学生了解教与学的全过程）、基础知识问答（增强学生的理解记忆）、基础知识对应练习（从抽象思维到形象思维）、例题设计（体现小综合知识的应用，使学生得到技能提高）、小综合练习（完成自主探究学习过程）、回归本节内容，即小结（让学生自己画知识树，画几棵不限）、知识拓展（让有余力的学生继续探究，若课上有时间可分组讨论）。

（2）学练卷的使用方法

在学练卷的使用上，授课前一天，任课教师把学练卷发放到每一个学生手中，要求学生根据学练卷对照教材进行预习，达到让学生整体感知教材的目的；在课堂教学中，教师要关注每一个学生使用学练卷的情况，然后撕下反馈题部分作为教师教学效果分析，评判后发给学生，课堂上所做的其他练习一般不上交，要求学生存放在档案袋里，作为学习资料积累。教师组织学生每周对学练卷进行一次整理装订，提高利用率，作为学生复习的依据，并作为学校作业检查的唯一依据。学期末整理好完整的资料上交教学质量处备存。特色班同学或各班较优秀的同学可准备作业本，书写特别作业，但此类作业不作为检查的内容。

二、教师改进批改方式，静心批改作业

作业批改是教师工作的重要组成部分，学校根据分层教学的课题研究情况，要求教师对学生的作业批改必须分层次。这样做一方面可减轻教师的负担，另一方面对提高作业批改的实效性也有很大的作用。对于

学习困难学生的作业、中等学生的作业、优等生的作业，采取不同的批改方式，保证每个学生在作业上得到不同的提高和发展。从具体方式上来看，作业进行分层批改有几种不同的方式：查批——检查学生是否完成应有的作业，不作详批。抽批——挑选部分学生作业详批、精改，以便了解学生在学习中存在的问题，以利课堂上及时纠正。面批——对学习困难的学生，可当面批改，个别辅导，使其及时解决困难，重鼓励、抓反复。互批——通过互批能提高学生学习的积极性，找出各级知识点的重要环节，以利改错。自批——让学生经常进行自我评价，找到成败或得失的真正原因，起到自我反馈、自我激励、自我导向的作用，使学生受益匪浅。

第三节　教师静下心来与每个学生对话（静心对话）

在学校教育中，教师与学生经常开展交流、对话是对学生进行教育的重要方式。在这种对话和交流中，学生处于什么样的地位，教师应如何开展对话，采取什么样的策略和方法，应该注意哪些问题才能使对话取得教育的效果，这些都是教师和学生的对话中应该认真考虑和解决的问题。所以教师要静下心来与每个学生认真交流、对话，才能起到教育的效果，也只有这样教师才能品味师生的情谊。

（一）教师与学生对话的条件

教师与学生的对话需要一些基本的条件才能实现有效的对话。

1．教师要平等地对待学生

在传统的教育观念中，教师与学生在地位、人格上常常是不平等的，教师是高高在上的，形象威严，对学生的教育称为教诲、训导。教师对学生的教育交流与对话是单向的，学生被动接受教育，主观感受被忽略，情感的交流受到限制，很多问题得不到解决，容易形成厌学情绪。教师要静下心来与学生平等交流、对话，与学生心灵沟通做学生的良师益友，从人格平等的观念出发，平等地对待学生。教师与学生的平等包括两个方面：在知识方面，教师与学生是先知与后知的关系，没有尊卑之别，只是闻道有先后而已。在情感和人格方面，每个学生都具有独立的人格，有着自己丰富的内心世界和感情世界。所以教师在和学生对话时要从学生实际出发，熟悉并掌握学生的认知特点和个性差异，对每个学生的年龄特点、思维方式、个性特征、爱好和行为习惯有深入的了解。在对话与交流中要充分尊重学生的想法和意见，同学生建立平等的对话伙伴关系。

2．教师要以爱心抚慰学生的心灵

“没有爱就没有教育”。教师只有热爱自己的学生，关心爱护他们，做学生的知心朋友，才能教育好学生。在和学生相处的过程中，教师要以平等的心态对待学生、以真爱去感动学生，让学生感受到教师的爱。教师要尊重学生的自尊心和人格，关心学生的身体、学习和生活，使他们身心健康、全面发展。例如：天冷了，要提醒学生多穿衣服；天热了，要提醒学生多喝水；放假时提醒学生注意安全、不要玩水玩火等。在日常的班级生活中，教师与学生应主动交流、以爱心打动学生，使学生把老师当作良师益友。学生有了困难要及时提供帮助，鼓励学生勇于克服困难。正如陶行知先生说过的：“真的教育是心心相印的活动，唯独从心里发出来，才能打到心的深处。”

3．教师要以诚心获得学生的信任

在师生对话中师生要彼此互相信任对方。首先学生要信任教师，相信教师的人格和学识。其次是教师要信任每一个学生，相信他们经过努力都能成功。教师在与学生的对话中获得学生的信任是对话能否成功的重要条件，“亲其师，信其道”，学生只有信任教师，对话才能取得实效。苏霍姆林斯基说过：“自尊心和自信心是学生心理最敏感的角落，是学生前进的潜在力量，是学生前进的动力和向上的源泉。”教师首先应该诚心对待学生，与他们坦诚相见，以心换心。教师要以诚心赢得学生的信任，用发自内心的真情实感打动学生，感染学生，教育学生。教师特别是班主任应该细心观察学生，了解他们的学习、生活和思想状况，既要教书，更要育人。教师要在各个方面帮助学生，使他们逐步消除对学习的恐惧和与老师、同学之间的隔阂，激发学生的自尊心和自信心。

4．以耐心期待学生的转化

学生在学校的学习与成长过程中难免会犯这样那样的错误，这些错误有些是属于无意的错误即失误，有些是有意的错误即明知故犯。对于犯错误的学生教师要有耐心，宽容他们，给他们改正的机会，使他们认识到自己的错误并积极改正错误。教师要学会站在学生的角度帮助学生认识到错误的危害，并和学生一起分析怎样才能改正错误，并在今后少犯错误。就像魏书生曾经说的：“学生不管多么难教育，毕竟是青少年，其内心深处一定有一个广阔的世界，而世界必然是假恶丑与真善美并存的。教育学生时，要力争不站在学生的对面，让学生怎样，不让学生怎样。而要力争站在学生的心里，站在真善美那部分思想的角度提出：我们需要怎样，我们怎样做才能最好。这样，学生会感到你不是在训斥他，而是在帮助他。”

5．以欣赏的眼光看待学生

任何人做事情都希望得到他人的肯定和赞赏，所以教师在日常的教育中要以欣赏的眼光看待学生，积极发现学生身上的优点，对学生的优点及时肯定和赞扬。教师要欣赏学生的长处，宽容学生的短处，让学生正视困难，保持良好的心态，使教育变得更加有亲和力。让学生在老师的欣赏中接受教育，自觉地完善自我，实现自我发展。

（二）教师与学生对话的策略与方法

1．创设理想、轻松的对话氛围

教师要想与每个学生开展有效的对话与交流，首先就应该创设轻松愉快的对话氛围和环境，建立民主、平等、真诚的师生关系。正如马斯洛认为的那样：只有在真诚、理解的师生人际关系中，学生才敢于和勇于发表见解，自由想象和创造，从而热情地汲取知识、发展能力、形成人格。教师亲切诚挚的话语、善意婉转的批评、充满信任的鼓励等对学生都是无形的力量。在教育中是这样，在师生对话中也是这样，教师需要为对话创设自由、安全和交融的气氛，这不仅包括对话时环境的布置，更包括心理软环境的建设。

2．教师要选择合适的对话交流话题

教师与学生的对话一定要有明确的目的性，通过对话解决一些问题，如学生学习、生活方面的；学生之间、学生与教师之间的交往关系问题等。所以，对话时教师一定要认真考虑，选择合适的对话话题进行交流。通常话题是以教师向学生提问的方式呈现，但也经常是学生回答老师的提问。不管采用什么样的方式，对话的话题应是学生和教师都能领会的，话题也必须是真实的。对话的话题还要有开放性，师生都要积极发表自己的看法，在互相交流中实现对话的目的。

3．要提高对话的技巧

教师与学生对话要讲究一定的方式和方法，需要一些谈话的技巧。比如提问的技巧、倾听的技巧、回答的技巧和理解不同看法的技巧。教师和学生要在对话过程中依据对话的情境和自身的教育机制灵活使用对话技巧。

第四节　教师静下心来研究教学（静心学问）

一、说教材：教师静心研究教学的重要途径

教学是学校的中心工作，也是教师最重要的工作。教学既是科学，又是艺术，需要教师静下心来认真研究教学，提高教学效率。我校开展的说教材活动就是教师研究教学的重要途径。

教师、学生和教材是教学的三个最基本的要素，在教学中是不可或缺的，直接决定教学的成功与否。教材研究是研究教学的主要内容和途径。教材是学校教学活动的载体，教师在踏上讲台之前能否吃透教材，能否对教材有准确的把握，直接关系着教学目标的完成，直接决定着课堂教学效率的高低。在新课程改革中，有的教师认为既然教材是个例子，就不需要认真研究教材了，主要是转变教学方式，所以，上课时师生忙于互动和表演，对教材的理解和掌握很肤浅。又有很多时候，有的教师只关注教材内容的知识点，忽略其在课程标准学段中的要求，忽略其在整体知识网络中的地位和作用。其实教师只有把教材吃透，才能灵活变通教学方式，用最少的时间给学生最大的收获，提高课堂教学效率。针对这种情况我校开展了说教材活动。

1．说教材的主要内容

说教材的目的是服务于教学，我们要求教师按照教材的设计思路、教学设想以及理论依据，利用十几分钟或二十几分钟的时间进行简单扼要的讲解、分析，把自己的教学特点加以阐述，使之得到完善和发展，以达到相互交流、相互学习、集思广益、完善教学过程、共同提高教学质量的目的。

我校说教材包括以下六个主要内容：一是课程标准对本学段的基本要求是什么？应如何落实这些要求？二是教材的编写意图？三是本册教材包括了哪些知识，应以什么样的逻辑线索把这些知识组织起来？四是本册教材哪些知识可以前后整合起来？五是本册教材所蕴含的能力体系和价值体系是什么？六是画出整册书的知识树。说教材就是用知识树形式帮助教师从整体上把握教材。

2．说教材的具体做法

在说教材的具体做法上包括学段说教材、单元说教材、课时说教材和说教材的评价——课后反思。

（1）学段说教材

我们要求大学科组长（或首席教师或学科带头人）在假期准备好教

材内容，利用开学初一天以教研组为单位，在专门的教研室备课，由教研组长进行全学段的说教材演讲，组长把自己画的知识树投到屏幕上，讲解自己对教材的理解和处理，进行第一轮整体的说教材展示。学校要求教研组长不管现在是哪个年级的，都要把本学科的整个学段的教材拿到手，对照新课标认真研读，在理解的基础上画出知识树，包括有知识性的、有方法性的、有实际应用性的，尽人所想所能，不限制教师的思维。

（2）单元说教材

要求教师要有整合教材的能力，整体把握教材。学校利用开学前教师返校时间，备课组长组织好本年级组教师进行单元说教材活动，做好开学前的准备。不同的教师见解不同，没有最好的说法，只有更详尽的办法，通常要反复讨论，"煮"教材，煮熟煮透。像数学学科就用三棵知识树描述了《圆》一章的知识点。

（3）课时说教材

高效的教学真正落脚点是课堂，如何让教师轻松、快乐地教，并让学生在40分钟内掌握知识并转化为能力，我们的落脚点放在了每节课的说教材活动。学校要求每节课教师要将学习的目标呈现给学生，这样每个学生就有了学习的方向，成为了学习的主体，向着学习目标努力行动。为了更好地发挥学生的主体作用，增强学生的主动性与能动性，我们明确指出：上课教师先让学生自学，教师不讲，学生在教师的指导下自学。

（4）说教材的评价——课后反思

我们发现很多教师上完课就完事了，没有把最重要的经验留给别人，这种宝贵的资源不能舍弃，我们把教师的反思集结成册，给其他教师提供共享资源。我们先把部分教师的部分反思集结成册，利用全体教师大会的时间进行展览并书写观后建议。教师在发行的册子中看到自己的作品会感到自豪，没有作品的教师会与自己对比，发现"这样的反思我也可以写""我写的比他好，我也要发表"，这就提高了教师的参与热情，教师平时积累多了，对教材又有了新的认识，形成了良性循环。

二、静心研究教学模式和教学方式

目前正在进行的基础教育新课程改革对教师的教学和学生的学习都提出了很大的挑战，需要教师和学生转变教学方式和学习方式适应新课程改革的需要。我校教师在教学中，静心研究新课程改革下的各个学科教学模式和教学方式，提高教学效率，实现高效教学，促进学生的发展和教师专业化发展。

我校教师在语文教学中积极探索，形成了一种学生以自学探究为主、以教师指导为辅，围绕学生提出的问题展开教学的模式。这个模式分为五个环节，称为“五步自学法”教学模式。每一个环节都包括目的意义、步骤要求、课例、注意事项等说明。这五个环节是：自读自悟，提出问题，合作交流，筛选问题；探究发现，分析问题；反思修正，解决问题；积累运用，化成能力。

韩静老师在转化学生语文学习方式上做出了自己的思考。在自主学习中，要积极创设问题情境，引发学生学习动机，运用各种教法，提高学生的学习兴趣。在合作学习中，主题要鲜明，目的要明确，合作时间要有明确的限制，合作的形式要灵活多样。在探究学习中，要采用设置疑问、悬念或启动审美情感，激发兴趣，指导学生收集相关资料，进行深入学习。只有在语文教学中将自主、合作、探究的学习方式落到实处，才能促进学生有效地学习。

在物理课堂教学中，王亚力老师经过多年的尝试和反思，总结出提高物理课堂效率的策略和方法。一是培养学生学习物理的兴趣，提高课堂教学效率。可以通过发挥学科特长诱发学习兴趣，善用课堂激励激发学生的学习兴趣，联系实际、动手动脑，深化学生的学习兴趣。二是激活学生思维，提高课堂效率。在物理教学中必须激活学生的思维，引起学生的思考，使学生有持续学习物理、探索物理问题的兴趣。可以优化课堂导入，激活学生思维；角色转换，提高学习效率；渲染物理课堂气氛，促进学生主动参与。三是培养学生的探究习惯，提高课堂效率。坚持课堂探究，深挖教材内涵，使学生固有经验升华为物理知识；引导探究，打破思维惯性，转变固有经验为物理知识。四是固化学生学习习惯，巩固提高课堂效率。要培养学生良好的预习习惯、听课习惯、实验习惯和巩固知识的习惯。温春霞老师探索的提高物理课堂教学效率的方法包括：以物理实验教学为切入点，充分激发学生的学习兴趣；以探究式教学为途径，培养学生物理学习的方法；良好的教学艺术是提高课堂教学效率的关键；实施分层教学，减轻学生负担，提高课堂教学效率。

我校化学组教师在化学课堂教学中确立了“问题——解决”教学模式，这种教学模式就是教师根据教学要求、学生的年龄特征和认知规律将所学内容转化为一组组面向全体学生的序列性问题，由教师创设问题情境，以问题的发现、探究和解决来激发学生的求知欲和主体意识，培养学生实践和创新能力的一种教学模式。分为发现问题、认识问题、解决问题和反思问题四个过程。这种教学模式的课堂实施策略有：一是准备策略——创设轻松、民主、合作的课堂教学气氛；二是核心策略——创设真实、丰富、有效的问题情境，可以利用教材内容、通过演示实验、联系生活实际创设问题情境；三是发展策略——培养学生提出、分析和解决问题的能力。培养学生解决化学问题能力的过程分为几个阶段：感知问题的客观存在；明确问题的各个方面；探究问题的解决方法；分析问题的实施计划；解决问题的回顾反思。

三、静心研究教学评价

教学评价是教学的重要组成部分，我校教师在学科教学评价中进行的静心探索，取得了一些显著的成果，这在美术学科中最为突出。

我校大部分学生来自农村，学生美术底子很薄，很多学生在小学阶段没有正式接触过美术学习，对美术学习兴趣不高。我校美术教研组教师根据实际情况，把美术教学和评价着眼点确定在促进学生原有水平的发展上。在美术教学评价中，通过合理使用档案袋，做好中学美术教学评价，提高美术教学效率，取得了很好的成效。一是形成了有效的评价策略。教师建立美术学习档案袋，完整地留存学生在美术学习全过程中完成的作业和相关资料；建立美术课堂学生学习评价表，对学生的学习过程进行跟踪式评价；引导学生及时记录创作感受、意图；在教学过程中，教师引导学生进行自评、小组互评；采用不封顶的评价等级，预留出学生继续努力的空间。二是有效地促进了学生的发展。学生对美术课程的学习兴趣大幅度提升；学生的美术学习能力、技巧的掌握程度大幅度提升。三是教师的教学水平显著提高。课题组教师的课堂教学水平显著提高，多次做区级和校级研究课，在市级双优课和教学软件评比中也取得了较好成绩；课题组教师撰写科研论文、教学案例的能力显著提高，有很多论文在市区级评比中获奖；课题组教师的专业创作水平也得到了进一步提高，多次参与市区级美术展览活动。

第五节　教师静下心来读几本书（静心读书）

一、为教师静心读书创造条件

作为一名教师，读书与不读书完全不一样。凡成为优秀教师的，没有一个不喜欢读书的。因为只有读书才能使一个人具有人生的智慧和人文情怀。实践也证明了这一点，在学校里受到学生热烈欢迎、受到家长高度赞誉、受到同行普遍欣赏的教师，就是那种热爱读书和思考、有人文底蕴及思想和眼光的教师。读书能够提升人的思想和眼界，促进教师的专业成长。随着教育改革的不断深入，对教师的要求也越来越高，教师也需要不断学习，以提高自己的专业化水平。但现实却是，很多教师整天工作忙碌，根本没有时间考虑读书，老师原本的书香气渐渐散去，新形势、新教育、新课改，很多教师凭经验教学，不利于教师的专业发展。加强教师队伍建设，必须引导教师读书。于是，学校在教师读书方面进行了一些制度设计，保障了教师有书可读，有时间读书。

1．读书课表化，保障教师有时间读书

教师读书需要时间保障，很多教师工作繁忙，没有时间读书。学校在这方面想方设法安排教师读书活动，通过制度的改进为教师读书腾出时间。每个学校的自习课老师需要巡视，有的学校规定老师要盯在自习课上，耽误了老师很多的时间。为此，我们学校在学生自习课方面进行了改革，学生自习课实行学校统一管理，在稳定教学秩序的前提下，学校规定每周有两堂课的读书时间，安排老师到图书馆读书，并做到了课表化，同时做到有检查、有落实。

2．推荐读书目录，使教师有书可读

教师有时间读书了，书籍的选择成为教师的另一个难题。面对这么多的书籍，教师应该读哪些书，挑选书籍也很花费教师的时间。学校为了解决这一问题，每学期都给科任老师和班主任推荐一些优秀书籍供教师们阅读，并要求教师写读书笔记。通过心得交流会、读书报告会、教师论坛等形式，提升教师的文化素养和理论水平。让全体教师牢固树立终身学习，不进则退的理念。另外，每学期学校科研处都选编一些优秀文章结集成册发给每一位教师，让老师有目的地去学习，学期末学校对教师的学习情况进行总结。

3．成立“青年教师文化沙龙”，引导青年教师加强读书

我校以青年教师居多，30岁以下教师有31人，占任课教师总数的40%，他们的读书情况对学校的教育有着很大的影响。为此，学校成立“青年教师文化沙龙”，旨在引导青年教师加强读书积累，帮助他们自觉地养成撰写教学反思札记的习惯。

4．读书、思考、写作相结合，享受读书的乐趣

我校的很多教师是非常喜欢读书的人，可一些老师自从参加工作以后，读书的时间就越来越少了，这其中固然有工作忙的原因，其实更多的是由于自己的懒惰，总觉得抽不出时间看书，所以爱读书的习惯渐渐淡了。作为教师，一定要养成读书的习惯，把读书、思考和写作相结合，从中品味和享受读书的乐趣，让教师的生命因读书而美丽，因教育而幸福，因超越而精彩。作为校长我自己每天抽出时间静心读书，做了大量的读书笔记，给老师做了示范。在我办公室的办公桌上，放着厚厚的一摞图书和不下十几个笔记本。这些图书有的是关于学校管理方面的，有的是关于新课程教学改革方面的，还有的是关于领导技巧方面的，等等。一些老师看到我办公室的图书和笔记本，就好奇地问我工作这么忙，有时间看这些书吗？我微笑着告诉他们："时间是挤出来的，我要求自己每天一定坚持读书，只有不断地学习，才能让自己了解教改的动向、管理的艺术，努力将我们学校办成一所优质的初中学校。那些名师之所以成为名师，就在于他们能在工作中积极进取、探索、学习。因此，在今后工作中，不要只停留在教书上，要通过读书学习，想想如何教得更好，并把那些成功经验记录下来，那将会成为教师专业成长中很好的素材。"我在学校的各种会议上也向老师们讲读书的重要性，多次给老师们强调："教师必须要走专业发展的道路。做个会思考的人，做个爱读书的人，做个常写作的人，也许我们离名师的距离会越来越近，即使你不会成为名师，相信你也一定会享受到与学生共同成长的快乐过程，从此远离职业倦怠带给你的烦恼。"很多老师受到启发和激励，充分利用时间静下心来读书。我校的李俊岭老师就在读书中寻找到快乐工作的源泉。通过多读书，做充实的人；通过善思考，做有心的人；通过勤写作，做快乐的人。

二、教师静下心来读书

教师的静心读书需要学校创造有利的条件，我校为教师读书创造了很多有利条件。作为教师本人而言，要静下心来读书，就要讲究读书的方法，让读书促进自己的专业发展。我校教师在读书中形成了以下一些认识。

1. 读书要善于选择

现在的社会是信息社会，纸质出版物浩如烟海，而教师每天的日常工作就已经很忙碌，用在读书上的时间又十分有限，这就需要教师在读书上学会选择，善于选择，要有明确的方向感。学校尽管也经常向老师们推荐读书书目，但教师还是要根据自己的兴趣爱好和专业发展的需要开展阅读。古人云：取法乎上，仅得其中；取法乎中，仅得其下。教师的读书不在于多而在于精。我校教师多选择一些教育理论的图书阅读，认真学习新的教育理念，促进自己的教育教学水平的提高。教师还大量阅读一些人文社会书籍，开阔自己的视野，提高自己的人文修养。

读书需要专心。教师们每天的事情很多，往往静不下心来，很难专心读书。但教师读书没有捷径可走，只能专心去读，认真学习和钻研才能有收获。我校的教师结合自己的工作实际和个人兴趣，按照不同的专题专心地开展阅读活动，增长了见识，提高了自己的综合素质。

2．读书需要质疑

古人说得好："学贵多疑"，"学起于思，思起于疑"。读书就是读者和作者之间心灵的对话，教师在阅读中要不断地产生自己的想法，敢于对作者的看法和观点予以质疑，有疑处才有进步。不能迷信于书本中，只有开动脑筋，质疑善思，才能把书中的知识转化为自己的知识。教师读书质疑的同时要提出自己的问题，在读书过程中多问几个为什么。

3．读书需要恒心

教师每天读书的时间不是很多，这就需要每天抽出时间读书，每天都读书，持之以恒，积少成多，坚持"活到老，学到老"的终身学习观念。"腹有诗书气自华"，日积月累地坚持读书，自己的专业水平和自身修养就会得到不断的提高。

第六节　教师静心总结工作规律（静心总结）

教师的工作既是辛苦的，又是幸福的。说它辛苦是因为教师每天都面临着很多的事情，如对学生的教育、教学和管理，每天都很忙碌，日复一日，年复一年，甚至很单调。教师的工作同时又是很幸福的，教师在对学生的教育、教学和管理中，和学生共同成长，收获着喜悦和幸福。但是这种喜悦和幸福不是每个人都能体会和享受到的，每个教师对自己工作的感受也有很大的差别。这就需要教师静下心来总结自己的教育工作，努力发现并寻找工作的规律，在与学生的相处中品尝工作的快乐，品味生活的幸福。

1．教师要静心总结管理工作

班级管理是班主任的一项重要工作，学生在班级中能否健康地成长为全面发展的人，班主任肩负着艰巨而光荣的历史使命。如何针对学生的特点做好班级管理工作、做好班主任，是教师需要在工作中不断总结和探索的。为了做好班级管理工作，班主任在班级管理中要注意以下几个方面。

（1）用心充实自己

现代社会是信息社会，知识更新速度非常快，教育改革也不断对教师提出新的要求和挑战。班主任首先必须注重广学博览，不断加强教学业务的学习和基本功训练，满足学生的求知欲。所以班主任必须努力学习，提高自身的管理水平和素养。教师可以通过以下途径学习：一是要向书本学习，学习新的教育思想、现代教育理论、科学的管理方法和手段以及管理艺术。教师还要学习人文社会知识，提高自身的人文素养。二是要向同行学习，向管理有方、管理有道、管理有成效的班主任学习，同他们互相交流、相互切磋、取长补短。三是要向学生学习，现在的学生普遍知识面较广，信息来源渠道很多，了解很多教师不知道的知识和信息，所以班主任要虚心向学生学习，做到教学相长。这对学生的学习也是潜移默化的影响。四是要在做中学、学中做。班主任要在工作实践中不断学习，在总结经验教训的基础上，不断改进完善，以适应班级管理工作的需要。有的老师为了进一步提高自身的修养，在做好教学工作的同时，注重班主任工作的理论学习，认真学习教育学、心理学的最新研究成果，同时学习社会学、伦理学、哲学以及德育方面的知识，学习班主任工作心理学，学习优秀班主任魏书生等的优秀事迹，并运用于自己的教育实践中。

(2) 用心呵护学生

班主任要学会爱学生，对不同类型的学生施以不同的爱的表达方式。对优秀的学生要在德智体美等方面提出更高的标准与要求，使之成为真正的全面发展的学生，为其他同学树立学习的榜样。对学习吃力的学生要与他们建立良好的师生关系，分析他们的特点，发现他们的优点，纠正他们身上的缺点。要使他们树立学习的自信心和自尊心，在班级中创设良好的共处的氛围，使他们感受到班集体的温暖。对家庭经济困难的学生要时刻关心他们的生活，尤其是关注这些学生的精神状态，保护他们的自尊心，帮助他们克服困难，及时做好他们的思想工作，使他们明白困难是暂时的，要有克服困难和挫折的信心。对家庭条件优越的学生，要教育他们懂得优越生活的来之不易，是父母用辛勤的汗水换来的，自己的学习和生活必须要靠自己努力去创造。

(3) 用心对待学生

用心对待学生，就要对所有的学生一视同仁，公平对待，不能厚此薄彼，有贫富之别、亲疏之别。应该辩证地看待学生的发展与进步，看到学生身上的闪光点，为每个学生提供平等竞争的条件，尊重学生的个性，尊重每个学生的进步。班主任要时刻以学生的事迹感动自己，并将这种心态传递给学生。教师要“蹲下来看孩子”，和孩子保持一样的高度，以学生的眼光看问题，主动地创造更多的时间和空间去了解、剖析、关爱学生，为学生提供最适合的教育。

(4) 用心渗透教育学生

教师对学生的教育和管理是长期的，不可能一蹴而就。教师要通过多种方式渗透教育学生。一是阅读美文，渗透无私教育。教师通过选取优美的反映无私品德的文章，让学生认真阅读，细细品味，让学生体会到当一个人心中只有自己的时候，就把麻烦留给了自己；当一个人时刻想着他人时，其他人也在不知不觉中方便了自己。二是通过学生身边的人和事渗透责任教育。学生身边的人和事就在学生生活中，在学生身边，没有距离感。通过给学生举一些老师和学生认真负责的鲜活例子，让学生体会到责任的重要性。三是开设荣誉栏，渗透荣辱教育。有的老师在班级中开设荣誉栏，开始仅仅记载一些学生偶尔取得的小成绩，引导学生对这些小成绩“小题大做”：分析成绩的来之不易，感动于学生自己创下的奇迹，激励学生创造新的辉煌。在这种一次又一次的总结与分析中提高了学生的积极性，他们激励着学生在各个方面都取得了很大的成绩和进步。四是寻找感动，渗透感恩教育。有的老师在自己的班级中开展活动，让学生寻找班级中感动人的人和事，从中受到感恩教育。同学们找到了很多身边的动人事迹：有的同学身兼多职、样样出色感动了大家；有的同学不耻下问的精神感动了同学；有的同学在进步的过程中展现了顽强的意志感动了大家；有的同学值日时认真负责感动了大家；有的同学常年做着摆放自行车的工作感动了大家。学生被身边同学的无私的奉献精神所感动，懂得并学会了感恩。

2. 教师静心总结教学工作

教学是教师最重要的工作，教师要通过教书去育人，教学水平和教学质量是衡量一个教师最为重要的标准和尺度。教师要不断地总结自己教学的得失，促进教学水平的提高和课堂教学效率的提高。

我校英语组的邓春梅老师对丰富课内外活动让学生快乐学英语方面进行了认真的总结。她的具体做法：一是充分体现学生在课堂上的主体地位，教师在复习阶段、教授新课阶段和操练阶段，要担当不同的角色，让学生感受到自己是学习的主人。二是借助课堂内外的各种活动，增加学生学习的趣味性，如组织学生学唱英文歌曲，制作英文贺卡，编辑英文手抄报，自编自演英文话剧等活动让学生积极参与到学习中去，并对他们的成果及时进行展示。三是多给学生创设接触地道英语的机会，提高学生运用英语进行交际的能力。四是注重学生学习方法的指导和培养，提高学生自己学习的能力和效率。在两年多的探索和实践中，邓老师看到了很多学生在课堂上热情洋溢的笑脸，听到很多学生说：

"我学英语，我快乐!"

孔德俊老师为了实现高效优质的初中英语教学的目标，针对新教材的特点，在课堂教学中进行了有益的尝试。一是从学生的角度看，课堂要高效，教师要有普遍的关注。教师要用微笑、目光的交流展现对学生的关注，用欣赏、夸奖的手段体现教师的关注，用提问或回答问题来表达教师的关注。二是从教师的角度看，课堂要高效，教师对课堂要有创新。要启发激趣，让课堂变得生动；质疑交流，让课堂变得有理；提倡"合作"，让课堂变得融洽。三是从教法的角度看，课堂要高效，教师要营造良好的课堂氛围。教师要营造能够给所有的学生以尊严的氛围，营造让所有学生都洋溢着生命活力的氛围，营造能够让学生自我管理的氛围，营造让所有学生都有归属感的氛围。通过教师、学生、教法三个角度来提高英语教学的教学效率，实现高效课堂。

在课堂教学中如何发挥学生的主体地位，让学生"活"起来，让学生在课堂教学中得到发展，是教师不断探索的重要课题。我校的教师在这方面积累了很多的经验，静下心来进行了认真的总结。如李艳老师是一位语文教师，她在课堂上让学生在语文教学活动中积极地"活"起来，做到"口活""手活""脑活"。通过提高文章的朗读质量、设置多种形式的说话练习，努力扩大学生的诵读范围，让学生的"口活"起来；通过让学生养成"不动笔墨不读书"的习惯，让学生搜集整理汇编资料，训练学生勤于写作，让学生的"手活"起来；通过精设问题、鼓励创新、开展讨论让学生的"脑活"起来。通过这样的活动，使课堂变成了充满生机、充满兴趣、充满智慧、充满生命活力的场所，把语文课堂还给了学生，促进了学生的发展。李玉荣老师作为物理教师，就在课堂中如何真正体现学生的主体地位进行了很好的总结。他认为物理课程的根本目的是提高全体学生的科学素质。物理教学要注重科学探究，提倡学习方式多样化；着眼于学生的发展，强调学生的主体地位，把促进学生的发展放在首位；强调教学平等和教学民主，注重人的个性和创造性才能、创造性思维的发展。在以学生为主体的理念下，物理教师应该关注学生的基础、关注学生学习中的困难、关注学生的学习过程。因此物理教师要把发现的机会让给学生、把动手的机会让给学生、把思考的机会让给学生。只有这样才能真正实现学生在教学中的主体地位，提高教学效率，促进学生的发展。

第七节　教师静心反思自己的言行和方式（静心反思）

在我们的教育教学工作中，教师的言行和方式对学生影响很大，不仅影响着学生的学习，而且还影响着学生的人格和心理健康的发展，这些影响常常是通过教师的言传身教潜移默化地影响学生。所以教师要经常静下心来反思自己教育教学的言行和方式。正如加里宁所说的：教师需要好好检点自己，他的一举一动都处于最严格的监督下，世界上任何人也没有受着这种严格的监督。教师要通过自己的言行和方式让孩子们感受老师对他们的关爱。只有这样教师才能用智慧启迪学生的心灵，用人格陶冶学生的情操，用爱心浇灌希望，用汗水哺育未来。

1. 静心反思教育的言行和方式

在学校中教师要对学生开展各种形式的教育，教师在日常的教育中要不断反思自己的教育方式，才能促进学生的发展和自己的专业成长。

在我校的责任教育中，教师首先树立责任心，用教师的责任心培育学生的责任心。张冬艳老师就非常注意用自己的实际行动引导学生树立责任意识。例如：要求学生7点到校，教师也不例外，总是第一时间赶到教室。放学后只要有一个学生还没有走，张老师就不走，总是最后一个离开教室。带领学生去室外时，看到垃圾总是俯身拾起，对于由于自己的原因给学生造成的影响总是主动承担责任。有一次学校通知学生第二天带板凳参加集会，结果下班后回到家张老师才想起这件事，就赶紧打电话逐一通知学生，可是还是有几个学生没有联系上。第二天到了学校，张老师马上就给学生道歉，非常坦诚地承认由于自己的疏忽给同学们带来不便。通过这些小事，学生认识到教师对自己的工作和生活是具有强烈的责任心的，并勇于承担自己的责任，身教重于言教。教师对自己的这种教育行为的反思也增强了学生的责任意识，使责任教育得以顺利展开。

教师在教育中“身教重于言教”。要求让学生做到的事情，教师首先应该能够做到。我校的赵艳梅老师通过对自己教育行为的反思，对这个问题有了更加深刻的理解和体验。有一年赵老师接收一个新班不久，很多学生还没有养成良好的公共卫生习惯，教室的卫生状况总不能令人满意。虽然在班里多次强调但是效果并不明显。有一次赵老师在全班学生都参加课外活动的时候，对教室进行了彻底的打扫：整理物品、摆放桌椅、扫地洒水、清理粉笔灰等，整整忙活了四十分钟，消灭了教室里的全部卫生死角。在学生回来之前，她悄悄地离开教室。不久赵老师发现教室环境有了很大的改善，竟然还得了“卫生流动红旗”。事后，赵老师的几名学生跟她聊天谈起了这件事情，学生们说他们从没见到也不会想到老师能这样做，同学们都很受感动，大家为自己没有认真做好值日感到非常后悔。学生都真切地感受到班主任也是班集体的一员。从此以后，即使有的同学忘记值日，也总会有人提醒或帮忙，老师再也不为教室卫生事情操心了。赵老师通过这件事情写下了这样的反思：这件事教育了学生，也教育了我。班主任作为班集体的一员，与学生一起活动，本来是很平常的事情，却往往被忽视。如果班主任只把自己定位于班级的管理者，就必然会指手画脚多，深入实际少，从而失去学生的感情，与学生越来越疏远；而真正放下教育者的架子，真正为班级做一些事情，哪怕只是一件小事，也会胜过三令五申的说教。其实重要的不在于老师为班级做了多少事情，而是通过这样的行动走近学生，这就是身体力行的教育作用。教育只有做到学生心里才能有效果。每个班级都经常开班会，但班会的主题是由老师定的，还是由学生提出的？你在全班学生面前的演说，有多少是学生迫切需要的？有多少话可以略去不讲？能不能让听讲者来确定你的谈话内容？教育是民主、平等的，教育是服务。作为班主任，必须从我做起，从小事做起，给学生以潜移默化的影响。

作为教师要特别注意并不断地静心反思自己的言行，这些都能对学生产生影响。王静老师在教育叙事中讲述了这样一个故事：一次一个学生到办公室交作业。他把作业本递给王老师时说："老师，作业我给您补上了。"老师立刻反问道："写作业是你自己的事情，怎么说是'给我'补上了？"那个学生小声嘀咕说："是您说的。"后来王老师在课上和课下与学生交流时留意了一下，其实经常会对学生说："你给我坐好了""你给我再读一遍"或"你给我改这道题"等。没有想到学生对老师的措辞竟然如此在意。认真想一下，当老师说出"你给我"时，是要求学生被动地按照老师的意思去做，服从老师的管理。教师应该顾及学生的感受不再对学生说"你给我"，不再忽视学生的主体人格和权利，使用符合新的教育理念的话语，才能让学生把学习真正看作是自己的事情。

2. 对后进生心理素质研究的反思

促进每一个学生的全面发展是实施素质教育的基本要求，但是在各个学校都存在后进生现象，后进生问题是长期困扰教育教学质量的大问题，是全面实施素质教育的严峻挑战。后进生问题的解决需要通过科学合理的途径，从产生后进生的根源入手，以创新的理念有计划、有组织、有步骤地寻求解决的思路和方法。我们的老师静心研究后进生转化问题，反思后进生成长中的一些问题，提出了后进生心理素质培养的一些对策。通过调查和观察老师发现，后进生的心理具有以下特点：学习目的不清楚，学习态度不端正；自信心不足，"自卑心""逆反"心强；自律能力差；学习一般呈波动状态，存在厌学情绪。针对这些特点，我校教师给予后进生及时的肯定，并加以引导，用创新的理念转化后进生：第一，要尊重每一个学生，用正常心态看待后进生；第二，要放下师长的架子，走进学生的内心世界，做学生的良师益友；第三，要及时总结后进生转化中的阶段性成果，理性引导并激励后进生的进步与提高；第四，要积极支持和鼓励学生之间的团结协作与合理竞争；第五，要充分发挥优秀学生在后进生转化过程中的重要作用。

3．静心反思班级管理中的问题

瑞士教育家裴斯泰洛齐曾经说过：为人在世，可贵者在于发展，在于发展个人天赋的内在力量，使其经过锻炼，使人能尽其才，能在社会上达到他应有的地位，这就是教育的最终目的。班级管理是班主任的重要工作，班主任如何进行班级管理，如何让学生成为班级管理、学习的主体，培养学生自身的能力，我校教师在实际的工作中进行了反思和探索。

（1）在班级管理中注重塑造优秀的学生干部

班干部对班主任十分重要，是班主任的得力助手，因此要重视班干部的选拔和培养。在班干部的选拔和培养上，具体的方法有：①变任命制为毛遂自荐制。喜欢做班委、愿意为同学们服务的学生，就会积极想办法，努力把工作做好。在自荐的过程中，有些同学会开始寻找自己的潜力。有位同学在自荐信中这样写道："我想做班长，虽然我没有做过，但我认为自己有这个能力，我能严格要求自己，而且也具有管理别人的能力。我有着管理班级的一套想法，如果老师能给我一个机会，我不会让老师失望的。"实践证明，她真的没有让老师失望，是个公认的好班长。通过这件事情，老师们认识到，每个同学都蕴含着巨大的潜力，一旦发挥出来绝不亚于任何一个公认的优秀班委。②采用竞争制。这种方法极大调动了班干部的工作积极性，也调动了全体学生的参与热情。③树立班委的威信。老师们的做法是全部权力下放，班委可以做自己决定的事情，班委有决定权。

（2）学习上采用激励法调动学生的积极性，挖掘学生的潜力

世界上每个人的能力相差不多，但是人们之间的成就却相差很大，原因就在于动机被激发的程度和行为积极性的高低。我校的教师采用激励的方法调动学生的积极性，发掘学生的潜力。

①用激励提高学生接受教育的自觉性。

在教育过程中，学生不仅是受教育者，而且是学习的主人，在教育过程中对学生进行适当和及时的激励，可以使学生进一步理解教育活动的意义，促进自身“潜能”的需要，产生强烈的接受教育的愿望。

②用激励加强学生接受教育行为的持久性。

学生在教学活动中，接受教育是有一个过程的，对于学生的缺点和错误，不能一味地批评和惩罚。教师需要用奖励的手段强化和巩固学生被激发出来的积极性，促使学生勇于克服困难，保持行动、努力，获得更好的发展。

③在对学生进行教育过程中，注重因材施教。

a．培养优秀生，激励他们取得更大的进步。优秀生往往得到教师的厚爱，在学生中的威信也高，因此对优秀的学生需要提出更高的要求，促使他们取得更大的进步。一是要严格要求，不断鼓励他们更加上进。教育他们不应仅仅是学业上的优秀，更重要的是人品要优秀，心胸要宽广，言行要端正，心理更要健康，要处理好在同学之间的关系。二要全面分析和认识自己，向他人学习。要求优秀生学会自我分析，自我对照，既要看到自己的优势，同时也要看到自己的不足，才能在学习中取得更大的进步。

b．关心后进生，发现闪光点。对后进生应倍加关怀、加倍疼爱，多表扬、多鼓励，体贴他们，懂得他们的欢乐，了解他们的心理，帮助他们解决学习和生活中的困难。在班集体中，要精心营造一种平等、和谐、友爱的气氛，让他们体验到集体的温暖和同学之间的友谊，为他们搭建展示自己的平台。特别是要多发现他们身上的闪光点，充分利用他们身上的闪光点，使他们认识到自己的长处与不足，激发他们的学习动机，激励他们不断进步。

c．重视中等生，加强竞争性。班级中的中等生是容易受到忽视的群体，常常批评不上边，表扬不够格，既不给班级增光，也不会给班级抹黑。无论纪律还是学习成绩，都没有大的起伏和波动。教师应积极发现中间生的优点，使其转化为优秀生。有很多教师采用一个中间生和一个优秀生搭配的方法，让优秀生带动中间生，使中间生尽快转化为优秀生。教师特别要掌握他们的心理特点，调动他们的积极因素，竭尽全力为他们搭建展现自己的平台。

4．对教学的反思

教师的教学反思是教育反思的重要组成部分，可以促进教师教学水平的提升，提高教学效率。教师的教学反思已经成为我校教师教学中的一个重要内容和重要环节，各个学科的教师都积累了很多教学反思的材料和成果。

刘润芳老师是一名数学教师，她从以下几个方面对自己的数学教学进行反思：一是对于使用的新教材，实施新教法的反思和体会。教师要转变自己的角色，重新认识自己在新课程教学中的作用和角色。二是对教学主体——学生的教学反思。要提高学生的兴趣。三是对教学过程的反思。教师要特别注意从学生已有的知识和经验出发，有针对性地设计教学目的、教学方法和教学过程，引导学生从已知推导出未知，不断获得新知识。四是对学生评价的反思，评价要关乎学生的全面发展，评价的角度应该是多角度、多维的。王守娟老师则构建了师生互动的初中数学反思模式，这种模式既重视教师的教学反思，也重视学生的学习反思。一是要求学生做好课堂简要摘记。二是指导学生掌握反思的方法：在解决问题中反思，掌握方法；在集体讨论中反思，形成概念；在回顾知识获取时反思，提炼思想；在分析解题方法中反思，体验优势；在寻找错误成因中反思，享受成功。三是从课后学生的学习情况的反思及作业情况的自我反思中加强反思能力培养。四是帮助学生提高反思效果。

其他学科的教师教学反思也取得了很多的成果。我们学校举办了相应的研究课及不同层次教师的优秀课竞赛活动，还进行“优秀教案，优秀试卷，优秀课件，优秀教学案例，优秀作业设计”的五个一评比交流，举行说课、论文评比等活动，让教师们在这些活动中反思自己的课堂教学。总之，我校教师的教学反思提高了教师的教学水平，提高了课堂教学效率，促进了教师专业的发展。

在学校教育中，繁杂的事务性工作经常搞得教师们筋疲力尽，再加上物欲横流的价值取向的刺激，有些教师在功利心理的驱使下，内心非常浮躁。如何让教师静下心来工作，在当今显得十分重要。然而，教师静心教书需要时间，潜心育人需要时间，教师的时间也是有限的，学校有责任为教师争取“静”的时间。我们学校领导经过深思熟虑后，决定学校通过做一些实事，为教师减负，减少一些不必要的务虚的东西，给教师留一些时间，具体的做法是：①消除功利的诱惑需要引导也需要硬性规定。学校规定，在职教师绝不允许搞有偿家教，一经发现，要严肃处理。②为教师争取时间应从领导做起，减少会议、压缩内容要形成领导作风。在这样的理念下，学校会议开始“瘦身”，废除了每周都开行政例会的做法，无特殊情况，一般是分别于学期初、学期中和学期末开三次行政办公会，全体会也很少开。无论开任何性质的会议，开会时都要有主题，减少层级传达，要一竿子插到底。对于一些常规的工作，能不开会就不开会，可开可不开的，坚决不开；必须开的，尽量合并，尽量压缩时间，提高会议质量。例会制度的改革，给教师自主研究提供了时间，有力地促进了教师的专业化发展。③自习课不提倡教师、班主任进课堂，学校德育处统一管理。课间操实行学校统一监控。④除此之外，我认为，凡是需要应对检查、具有虚构成分的事情，就不要让教师再做。比如：学困生帮教计划、中等生提高计划、优秀生培养计划，这些有必要写在纸上吗？教师只要有意识去做就可以了。又如：教学德育计划、课堂日志、抄写教学笔记，这不是徒劳的事吗？教学渗透教育不是有计划就一定能兑现的。课堂出现问题，教师最好在第一时间解决，写出来节外生枝反而不好。抄写笔记不如不写。我一直在设想，教师的教案能不能少写，能不能不做评比？也渴望尝试一下，我们的教师站在讲台上无教案，却讲得很精彩。如果做到这个程度，那才是静的真谛。为教师减负，作为校长心静则实，方能鉴别虚的东西，做实事。

第七章

课堂教学策略

课堂是师生之间交往、互动的场所，是教师引导学生发展的场所，也是探究知识的场所，是教师教育智慧充分展现的场所。教学是由教师的教和学生的学共同组成的活动。课堂教学最能体现教师的专业化水平，研磨课堂教学必须研究课堂教学模式。

所谓教学模式是指在一定教学思想和教学理论指导下围绕教学活动形成的比较稳定的、系统化的教学程序及其方法、策略体系。它是一所学校和教师课堂教学成熟的标志，体现了学校的办学理念、办学特色。高质量的课堂教学模式体现的素质教育的精神，既体现在教师高质量的教学上，更体现在学生高质量的学习效果上。

第一节　高质量学习效果具有的特征

1．有先进教学思想和教学理论指导，这种思想和理论既体现社会和教育本身对教师教学的基本要求如素质教育、终身学习等，又能体现学校的办学思想和特色，特别是教风和学风。

2．注重师生的有效互动。高质量的课堂教学模式是由教师高质量的教和学生高质量的学共同完成的，体现师生的互动，教师要面向全体学生，为每一个学生的全面发展和终身发展奠定基础。

3．体现教师稳定的、成熟化的教学程序和策略。这包括教师高质量的备课、完善的教学环节和有效的教学策略，对学生积极的教学评价，对课程标准、教材和课堂的准确解读等。

4．体现学生有效的学习效果和教师对学生学习的有效引导。

第二节　高质量的课堂教学模式具有的重要意义

1．有效地贯彻落实《国家中长期教育改革和发展规划纲要（2010—2020）》。《纲要》把提高教学质量作为教育改革发展的核心任务，提出把教育资源配置和学校工作重点集中到强化教学环节、提高教育质量上来。课堂教学是学校教育的主渠道，在中学阶段就要通过课程与教学改革，构建符合学校实际的高质量的教学模式，提高教育教学质量。

2．有助于学校形成课堂教学模式，提高办学质量。高质量的课堂教学是好学校的重要标志，国内知名学校如杜郎口中学、洋思中学等都是通过课堂教学模式的改革形成了学校特色，提高了办学质量。所以通过构建高质量的教学模式，能够推动学校的课程与教学改革，提高教学质量，能够形成学校特色，进而提高办学质量。

3．提高教师的专业化水平。教师专业化发展的重要舞台是课堂，只有在课堂教学中才能促进专业化发展和体现职业幸福。每个教师通过教学探索和研究形成自己富有个性的教学模式，就能提高教学质量，促进专业化水平的提高。

4．实现学生主动学习，减轻学生负担。教学模式的改革生动活泼、扎实有效才能使学生主动参与、积极投入，学生的负担才能减轻，才能全面提高自己的综合素质，学生也才能获得成功。

国内外关于课堂教学模式研究成果最著名的是美国的乔伊斯和韦尔

提出的23种教学模式，我国学者比较有影响的教学模式包括六步教学法、和谐教学模式、成功教学模式、情境教学模式、尝试教学模式、创造性教学模式、主体性教学模式等，这些教学模式对提高课堂教学的效果、推进课堂教学改革起了一定的作用。

不同的课型应有不同的教学模式，郑金洲的《课改新课型》把课堂型态分为七类：以探究为主导的课型、以合作为主导的课型、以自主为主导的课型、以对话为主导的课型、以体验为主导的课型、以生成为主导的课型和以问题为主导的课型。这对我们深化课堂教学模式改革具有重要价值。

任何教学模式的建立必定是立足于学校、教师，特别是学生的实际状况。我校教师在长期的教育教学中，也形成了一定的教学模式和教学方法，如语文学科形成了以学生自学探究为主、教师指导为辅，围绕学生提出的问题展开教学的“五步自学法”教学模式；化学学科形成了“问题——解决”的教学模式等。

第三节 高质量的课堂教学模式的思路探讨

本研究坚持整体论、系统论和层次论，首先把课堂教学模式看作一个整体，从完整的教学模式的角度进行研究，而不是仅仅就某一个方面或环节进行研究，高质量的课堂教学模式必然涵盖教学的各个方面。其次是系统论的方法，把课堂教学分为备课、教师的课程解读和理解、上课的步骤和环节、师生互动、教学评价、教研方式和教学管理等要素。这些要素有些是直接要素，有些是相关要素。如教研方式和教学管理，只有在每一个环节、每一个要素都实现高质量，才能最终实现课堂教学模式的高质量。第三是坚持高质量的课堂教学模式的层次论，按照学科和课型的不同特点，形成学校总的课堂教学模式、不同学科的课堂教学模式和不同课型的课堂教学模式，既能体现课堂教学改革的特色，又能体现学科和教师的特点。最后坚持教学模式的动态性，高质量的教学模式不是对教师的约束和控制，而是为教师教学提供可以参考和操作的框架，形成之后要在教学中不断完善和改进。

本研究以行动研究为主要研究方法，以我校完成的《分层教学模式的研究》《让一个学生成功的办学探索》等课题的研究成果为基础，深化“学练议”课堂教学模式，以“学练卷”为载体，贯彻“分层教学”“整体建构，和谐教学”等教学理念，依靠学校每一位教师的智慧，积极联系师范大学、市教科院的专家对课题研究开展参与式的指导，以保证研究的科学性和有效性。具体来讲，有以下几个方面：

1．学习和借鉴先进的课改经验，结合学校的实际、学科的实际和学生的实际，探索出适合我校特点的高质量的课堂教学模式。

2．在我校分层教学的课题研究成果基础上，按照分层教学的要求，在备课的过程中本着“学—练—议”的基本过程，设计“学练卷”。

3．改革备课办法、夯实校本教研。实施集体备课下的共享教案，教师备课务求实效。教师的教案书写结合教师的自我意愿和实际，分层定位，分类书写详案、教学流程、个性研究教案。

4．通过开展“学课标”“说教材”，搭建“教改大课堂”等活动，不断推进课堂教学改革的深入，优化课堂教学模式。

5．改革教学管理模式，使教学管理有章法、有层次、有侧重，更趋专业化。调整作息时间，将每节课缩至40分钟，给学生更多的自主学习时间。通过教学管理改革，让教师有更多的时间关注课堂教学，研究高质量的课堂教学模式。

6．撰写教学反思、课例分析，提升教师对高质量的课堂教学模式的认识程度。

第四节 课堂教学的总模式——“学练议”模式

《基础教育课程改革纲要（试行）》指出：“教师在教学过程中应与学生积极互动、共同发展……注重培养学生的独立性和自主性，引导学生质疑、调查、探究，在实践中学习，促进学生在教师指导下主动地、富有个性地学习。”学校不断改革，针对学生基础较差且学习掌握程度不齐的学情，探索出了能够有效发挥学生主体地位的“学练议”教学模式。“学练议”既是一种课堂教学模式，也蕴含着新课程改革的理念，具有坚实的教育理论基础。“学练议”教学模式以分层教学思想和整体建构思想作为理念支撑，以学练卷作为载体，以改革备课方法、夯实校本教研作为基础。

一、“学练议”教学模式的基本涵义及操作环节

1．基本涵义

“学练议”教学模式的基本含义是指，让学生在课堂教学中“学一学、练一练、议一议”，通过这三个环节的循环活动，使学生在课堂上确实能够在自己原有的学习基础上有所收获，获得提高。

2．操作环节

（1）运用“问题导学法”引导学生“学一学”。无论哪一学科的内容，都有很多知识不需要教师讲解，学生就可以消化、吸收。对于学生通过自学无法掌握的知识，就应该运用“问题导学法”引导学生学习，即把学习内容设计成问题的形式，让学生带着问题阅读教材，在此基础上教师指导学生学习。但应注意，问题的设计要依据不同学生的层次设计不同难度的问题。在课堂教学中，我们应该大胆放手，合理调控“教”与“学”，使学生通过自主、合作、探究、交流等学习活动，真正成为学习的主人。

（2）多种形式引导学生“练一练”。学生在了解了有关的知识后，

需进行相应练习才能进一步把握其实质。练习包括纸笔练习、实验操作等多种形式。不论哪一种形式的练习，都要有明确的目的性，每一层次的学生在课堂上都有事可做、有所收获，都能在原有的基础上有所提高。但应注意，练习的设计一定要满足不同层次学生的不同水平。

(3) 适时适度组织学生“议一议”。有些知识，学生通过阅读教材能够基本掌握，但要深入理解其内涵，还需要教师适时适度地点拨和同学之间的相互讨论。因此，在课堂教学中我们还适时适度地组织学生讨论，也就是让学生“议一议”，让学生把其对问题的想法、迷惑讲出来，通过学生之间的相互启发来解惑答疑。但应注意，学生之间议的前提是要先让学生独立地表达，不要怕学生说错了，学生说错了或者说的不完全，可由别的同学来补充，学生们确实都说不出来了，再组织学生讨论，也就是“议一议”。对有些难度较大的问题，不一定非得教师给学生进行反复讲解，可采取“兵教兵”的策略，因为，有些问题，我们教师认为是比较简单的，但对学生来讲可能难度就大了，如果学生之间互相讲解，可能就更容易理解，因为学生之间的交流更容易听懂。

当然，上述三个环节根据不同的课型和知识难度，“学”“练”“议”三个环节的先后次序不尽一致，有的可能是先学后议再练，有的是先学后练再议，也有的是先练后学再议，等等。

二、“学练议”教学模式的基本载体——学练卷

为确保“学练议”教学模式的有效实施，课堂教学中使用“学练卷”作为载体。“学练卷”不同于一般的练习试卷，它不是一些题目的简单堆砌，而是根据学生的认知规律和学习特点而为学生设计的学习流程，它不仅是教师教的依据，更是学生学的依据，也是学生复习的依据。

1．学练卷的基本结构

(1) 学习目标：明确告知学生通过本堂课的学习应该学什么，学到什么程度，会什么，最终要达到什么目标。学习目标可设计为起点目

标、基础目标、提高目标。目标的设定一定要具体明确，避免大而空、模棱两可的现象。学习目标在学练卷上一般只展示给学生知识与技能目标，至于过程与方法、情感态度与价值观目标一般不要呈现在学练卷上，因为这个学练卷是给学生用的，使用对象主要是学生。

（2）预备知识（基础知识）：它是指学习本课内容时学生必须应该做的知识准备，如果这些预备知识不能熟练掌握，那么学习这一节课时就会带来很大困难。对于预备知识，教师一定要充分地挖掘，并指导学生认真落实，查缺补漏，扫清新课的学习障碍。

（3）问题讨论：把要学习的内容设计成问题的形式，其目的是引导学生带着这些问题来阅读教材，提高阅读教材的针对性，学习的有效性。

（4）典型例题：突出知识的巩固、能力的培养，要少而精，重在给学生方法规律。

（5）巩固练习：设计的题目要紧紧呼应学习目标，避免随意性。可针对不同学生的实际水平，设计成不同的层次，可分为A、B、C三组，A组突出巩固基础知识，B组突出知识的运用，C组突出知识的拓展提高。

（6）达标检测：分层设置，可分为A、B、C三组。

（7）作业设计：分层设置，可分为A、B、C三组。

对于学练卷上知识的掌握有几种形式：需要学生理解记忆的以理解记忆为主，那就要规定时间让学生背下来；需要学生根据问题探究理解的就要设计合理的问题让学生思考解决；特别困难的问题学生克服不了，或者即使克服了但浪费大量时间的可让学生暂时放下，待“合作交流”或“反馈校正”时解决。总之，一节课下来后，学生应该落实的东西都应在学练卷上体现出来，这样，学生课下的复习就有了明确的依据。

2．学练卷的编写及使用方法

（1）备课组内教师根据授课计划分工，集体备课时主要讨论学练卷和课堂教学的主要环节，由同年级的教师共同合作完成，发挥集体的作用。确定后需提前三天交审核人审阅签字，经年级主任批阅后至少提前整一天送文印室印制。使用后可根据实际情况将修改的情况作记录，作为资料积累或交流。

（2）学练卷中涉及的知识要以问题的形式呈现，符合学生的起点，便于学生思考和书写，不要把问题的答案由老师直接呈现在学练卷上。

（3）内容不宜过多，每节课（45分钟）最多一张纸（8开）内容，可单面印也可双面印。根据学科特点，文科可针对篇目、模块设计学练卷；理科……

（4）学练卷的主要内容基本上都要在课上完成，能力提高和拓展题可以有一部分留到课下完成，教师要认真进行批阅。

（5）学练卷要抓住学生的起点，体现分层次教学。根据学生的基础情况做不同的要求，基础好一些的学生要求高一些，基础差一些的学生要求低一些，但必须完成老师布置的基本任务。

（6）教师要在熟练掌握课本知识的基础上编写学练卷，精选练习题，要对教材的内容作进一步的整合，在适当的时间指导学生回归课本。

（7）教师组织学生每周对学练卷进行一次整理装订，提高利用率，作为学生复习的依据，并作为学校作业检查的唯一依据。

（8）学期末整理好完整的资料上交教学质量处备存。

（9）各班较优秀的同学可准备作业本，书写特别作业，但此类作业不作为检查的内容。

（10）学生的课堂笔记可记录在学练卷的适当位置，要把学练卷和课堂笔记整合起来。

三、“学练议”教学模式的两个保证——改革备课方法和夯实校本教研

1．改革备课方法——使用富有教学个性的共享教案

为了配合实施“学练议”教学模式，我校探索并推广使用了富有教学个性的共享教案。

我校组织每个备课组集体备课，使用统一的电子备课稿，形成集体备课下的共享教案。首先，由年级备课组的教师集体讨论教法；其次，在充分论证的基础上，每位教师承担一定的任务，执笔写教案；再次，通过集体讨论来修改教案，形成比较完善的共享教案；最后，在共享教案的基础上，每位教师结合本班学生的特点进行个性化修改，或再设计教学流程，以实现富有个性的教学。

在使用富有教学个性的共享教案的基础上，我校要求教师年年修改、不断完善共享教案；同时，为了有效沟通“教”和“学”，我校还成功探讨了把成熟的共享教案演绎成“学练卷”，以此加强对学生学法的指导。

2．夯实校本教研——开展说教材和教改大课堂活动

作为使用共享教案的配套措施，学校定期开展了“说教材”活动。说教材分为说每一课时的教材、每一单元的教材、每一册书的教材及整个学段的教材，通过多种形式来提高教师把握课标、理解教材、驾驭教材的能力。“说教材”以备课组、学科组为单位，每位教师都要讲解自己对教材的理解和处理设想；然后通过备课组、学科组教师的共同研究，形成比较完善的每一单元教材、每一册书教材及每一个学段教材的知识体系、能力体系和价值观体系。

在“说教材”活动的基础上，我校开展了教改大课堂活动。我校每周都开展教改大课堂活动，由同一学科的老师分别讲授不同的教学内容，但围绕着“学练议”教学模式进行，以此探讨有效教学的课堂教学模式。

通过使用共享教案，开展“说教材”活动和教改大课堂活动，既减轻了教师的负担，又做到了资源和智慧共享，同时也为教师关注每一位

学生腾出了时间。通过这些措施，我校教师在短时间内深化了对教材的理解和把握，教师的专业化水平得到了很大提升，一批骨干教师迅速成长起来。

四、“学练议”教学模式的理念支撑——整体建构思想和分层教学思想

整体建构的思想就是指课堂教学不能就一课时而讲一课时，应该立足于整个学科、整个学段、整册教材、整个单元、整个章节来设计一个课时的教学，要充分考虑教材的前后联系，教材的逻辑关系，这样才能使我们站在更高的高度认识教材，理解教材，把握教材，更好地落实课程标准。

分层教学的思想即是要在教学的全过程中充分尊重学生的个性差异，认真探究如何对学生进行合理的分层和分组，教学目标、备课、授课、课堂练习、作业布置、作业批改、阶段测试、课后辅导、教学评价如何进行分层，以保证每一个学生在课堂教学中都能够积极地参与课堂教学的活动，使每一个学生都能在原有的基础上有所提高，有所收获，有所发展。它作为一种教学创新，凸显了三个特征。一是合理分层。学校根据学科要求分成低、中、高三个教学层次。其中，“低”层次的教学目标确保基本标准，形成基础能力，保证那些学习困难较多的学生能够感受到学习乐趣，品尝学习成就，为他们能够进入“中”“高”层次做好准备。二是尊重选择。学校在对学生逐个进行仔细分析的基础上，老师充分征求学生本人意愿，并适当进行指导，让他们根据各自的实际情况“对号入层”。尽管同一学生对不同学科会有不同的选择结果，尽管随着学习的进程学生还会提出新的选择，但是他们选择的自主性的确极大地促进了学习的自觉性。三是灵活实施。学校在坚持“班内分层”的同时，还特别注重根据教学内容的实际需要和学习情况的不断变化，协调运用班级教学、分组研讨和个别辅导等不同的学习形式，使过去一直追求而没有得到的“既能面向全体，又能分层优化”的教学效果，充

分显现出来。

在分层教学思想的指导下，我们在教学过程中形成了“十抓”的教学策略，同时形成了分层教学要做到的“五注重”。

1. 分层教学要做到“十抓”

一抓学生的分层和分组。每个学生个体之间存在的差异导致了他们的学习存在差异性。教师必须深入了解学生，研究学生，根据学生存在的个性差异，合理地对学生进行分层和分组。教师可以通过课堂提问、平时作业、单元测验、平时的接触观察等途径，了解学生的可能性水平，然后将学生分为三个不同的层次：优等生、中等生、学习困难生，并随着学生学习情况的变化而随时进行调整。抓好学生的分层和分组是落实其他教学分层的出发点，是教师关注学生学习的基准点，是评价学生进步的环比点，是师生互动、生生互动的契合点。

二抓教学目标的分层。教师根据课程标准的要求、具体教学内容和班中各个不同层次学生的可能性水平，制订与各个不同层次“最近发展区”相吻合的分层教学目标并明示给学生，让师生都明确学什么和各个不同层次的学生分别学到什么程度，以便更好地发挥教学目标的导向和评价功能。一般将每节课的学习目标分为三个层次：起点目标——学困生达到，基础目标——中等生达到，提高目标——优等生达到。这个环节要求教师授课开始时必须要对学生有清楚的交代，授课终结时师生要共同回归到教学目标上来，使师生明晰教学程度。

三抓备课的分层。实施分层教学，搞好分层次的备课是非常关键的。教师要根据不同层次的教学目标，设计不同层次的教学内容、教学时间、教学步骤、教学方法和教学手段，以及不同层次的课堂提问、课堂反馈练习和课后作业，认真写好教案，做好课前的一切准备。搞好分层次的备课是搞好分层教学的保证，是研究教法和学法的重要途径。因此，学校的教学管理部门一定要参与到学科备课活动中去。

四抓授课的分层。教师的讲授要依据课程标准的统一要求、教材的统一内容和知识系统在统一时间、统一进度内向全体学生进行同步教学，把教学措施建立在学生共性的基础上，讲授最基本的教学内容，完成最基本的教学目标。这是授课分层的前提。过程中，教师要根据优等生、中等生和学困生这三个不同层次的学生群体的知识、能力、情感、意志、性格等个性差异，采取分组分层，加强对各类不同学生的指导，对于个别学生和个别问题可以通过小组合作学习等形式，由优等生帮助解决，发挥“小老师”的作用，实现学生自身能力差异的资源共享，促进不同层次学生学习的积极性和主动性。

五抓课堂练习的分层。巩固练习题要体现不同的层次要求，尽可能地不搞一刀切。对于学习困难的学生，侧重抓基本概念，过好“书本关”，多设计一些基础性、知识性、识记性的题目，不布置技巧性、难度大的题目；对于中等生，则应强调基本概念，并多设计一些基础题，可适当设置少量的有一定技巧和难度的题目；对于优等生，则应在强化基本概念和基本技能的同时，适当拓宽其知识面，并可设计适当的与巩固双基有关的技巧性强、难度稍大的题目。设计的练习题可分别对三类不同层次的学生设计成三组，每类学生分别完成相应的一组；也可设计成由易到难的A、B、C三组，要求学习困难的学生完成A组，中等生完成A、B两组，优等生完成A、B、C三组。

六抓作业布置的分层。教师在布置作业时一定要考虑各个不同层次学生的实际情况，分层设计，每次课后作业一般分三种类型的题目。一是必做题，题目深浅度适中，难易适宜，学习困难的学生经过努力也可独立完成。另一类是自选题，有一定的深度和难度，学习困难的学生和中等生可选做一些题目，优等生则全做。第三类是思考题，有一定的技巧性，优等生经过反复思考才能做出来，目的在于培养优等生综合运用知识解决实际问题的能力。

七抓作业批改的分层。学生的作业批改必须分层次。这样做一方面可减轻教师的负担，另一方面可以提高作业批改的实效性。对于学习困难学生的作业，教师要当天全部批改，给学生指出错误及其原因，并由学生当天订正。如果教师能面批作业效果更好，这样可以使学习困难的学生不断进步；对于中等学生的作业，教师也要全部批改，记录下好的方面和存在的问题，及时反馈给学生，促使其不断进步。对于优等生的作业，教师可根据实际情况采用轮批的办法，教师每次只批改一部分，其余的由课代表负责检查，向老师汇报，让学生主动地发展。

八抓阶段测试的分层。阶段测试题的编写必须要考虑到各个不同层次学生的实际能力，通过对测试题的解答能够考查出各个不同层次学生的学习水平。教师在命题时可出两套内容和难度不同的试题，即A、B卷。A卷侧重考查学生对基础知识和基本技能的掌握情况，B卷侧重考查学生灵活应用所学习的知识解决实际问题的能力。

九抓课后辅导的分层。课后分层辅导是实施分层教学的重要辅助环节。课后分层辅导可采用集中辅导和个别辅导相结合的方式。对于学习困难的学生，重点放在端正学习态度、明确学习目的、培养学习兴趣上，帮助他们掌握最基础、最重要的知识。通过老师耐心细致的辅导，“牵着过河”，使其“进得来、学得进、听得懂、留得住”。对于中等生主要是教会学法，逐步提高其自学能力，使他们向优等生的层次努力；对于优等生除了给予他们较多的独立思考和个别点拨“指导过河”外，主要是培养其动脑动口动手能力，以丰富学生的思维、想象和创造力。对这些不同层次的辅导，还要特别强调和加强心理辅导，帮助学生始终处于最佳的心理状态，令其个性得到充分健康的发展。

十抓教学评价的分层。根据不同层次学生的学习能力，可采取不同的教学评价方式。对于同一份试卷，教师可对三类不同层次的学生提出不同的合格标准；也可针对同一检测内容，设计不同的检测卷进行检测。防止采用同一标准衡量不同层次的学生，使学困生丧失学习信心。

2．分层教学要做到“五注重”

一要注重分层依据的科学性。在“十五”课题研究中，我们分层的依据一般是只按学生的学习成绩来分，对其他方面往往重视不够。随着分层教学的实施，我们意识到对学生的分层还要综合考虑到学生的认知风格、认知特点和认知差异等因素；此外，实施分层教学开始时过多地关注了教师的教，但随着分层教学的深入进行，我们意识到应该更多地关注学生的学。

二要注重分层过程的动态性。分层教学中的学生分层和分组必须是动态的，要有流动性和可变性。同一个学生在学习不同的知识时，可能处于不同的层次，有些学生在学习某些知识时处于优等生的层次，而在学习另一些知识时就可能处于中等生或是学困生的层次。另外，教师为了激励学生向高一层面发展，在一个单元的测试后，就可以进行矫正分层，尤其是对于未达到分层目标的个别学生要采取补救措施，及时进行个别辅导，帮助他们顺利地完成学习任务。

三要注重分层结果的隐蔽性。实施分层教学时，我们目前一般采取“半隐蔽、半公开”的做法，这种做法对于学优生施行公开层次可起到激励先进的作用；对于中等生、学困生施行隐蔽层次可起到维护自尊、鞭策前进的作用。当然这种做法没有“全公开”那种对师生教与学双方的直达便利，也达不到“全隐蔽”那种对学生的保全自尊。分层过程中一定要特别注意保护学生的心理健康，在强化学生主体意识的同时，更要加强对学生个别的心理辅导，防止可能产生负面的“标签效应”。

四要注重分层评价的针对性。每个学生之间的个性特征与心理倾向，以及知识基础与学习能力是不同的，因此，在分层教学中要关注每一个学生的发展，做到课堂上没有教育盲区，同时还要关注每个学生在其原有基础上的发展变化，真正做到为了每一个学生的发展。

五要注重分层教学的计划性。分层教学是一项周期长、工作量大的工作，需要教师付出艰苦的努力才能搞好分层教学。课程标准所要求的目标，不同层次的学生在达标过程中所需要的时间和付出的劳动各不相同。有的学生（少数“尖子生”）能在学习新课时就一步到位；而有的学生（多数中等学生）要经过一轮的复习、测试后才能达标；有的学生甚至要经过几轮或几次的复习与检测才能达标。为此，要求教师要有一个长远的、周密性的计划来分阶段、分层次地采用不同的方法手段使各类学生分别达标。

第五节 探索课堂教学模式的途径——通过教改大课堂活动探索不同学科的课堂教学模式

教育的新理论扎根在课堂，课改的新理念发生在课堂，教师的真功夫体现在课堂，教学的真效益生成在课堂。最能体现教师专业水平的是课堂教学，这是教育教学最实际的地方。因此，学校搭建了教改大课堂这一平台，把课堂教学确立为学校永恒的研究课题。

班级授课制的教学困难在于生源质量参差不齐，让每个学生在课堂上都能够在自己原有的基础上有所收获、获得提高是我校一直以来研究的重点。我们号召教师围绕着课堂教学效益做文章，研究课、示范课要有利于推动常态课教学，论文的撰写必须源于课堂实践。对迫切希望指导的教师，学校的任务是帮他们“登高”；对盼望展示自己才华的教师，学校的任务是给他们“搭台”；对害怕听课的教师，我们的任务是为他们“加油”。经过一段时间的探索实践，我校针对学生基础较差且程度不同的学情，提出了“3+2”的教学核心理念，即以改革备课方法和夯实校本教研作为基础，突出课堂教学必须贯彻整体建构和分层教学的思想，实施“学练议”的教学模式进行操作，采取“学练卷”的反馈形式，以不同的方式延伸对课堂的探索，不断研磨学科高效课堂。

吹响打造高效课堂系列行动的号角。首先，严格执行课程计划，减少不合规定的课时。其次，向社会公开承诺节假日不再补课，放学静校时间严格规定，对拖堂、不按时静校的教师实行公示制。最后，取消寒暑假补课安排。这一系列的做法，在本地区内尚属首例，我们将老师“逼”上了研究高效课堂教学的道路。进而将提高课堂的有效作为教学管理中的重要工作，修改、推行、不断完善我校制订的《课堂等级评价》，制订了听评课的要求，倡导教师之间相互听课、学习的氛围，并进行课堂等级的量化评比，督促课堂教学质量的提升。按照新评价标准，把学生活动作为评价的重点，鼓励教师将课堂还给学生，提倡学生有意义的质疑，努力体现学的要素。要求教师广泛地“推门听课”，并当堂打分，每月至少上交三张听课打分表，在使用评价标准后要提出自己的意见，把成绩作为学期量化的依据，以提高教师对课堂的关注程度。同时安排教育教学的主要领导，每天每节课循环巡视，记录教师、学生的不良表现，每周通报公示整改，具体到每一名教师、学生，对屡次出现问题的学生实施家校联合教育。这些措施引导教师在提高效率、减轻学生不必要的负担方面起到了积极的作用，同时也促使教师潜心研究课堂质量，相互学习。具体操作可以归纳为以下方面。

一、同心共行：同一主题课堂研究

为研究“分层教学”的落实，学校提出了实施分层教学应该做到的“十抓”“五注重”；具体阐释“学一练一议”的教学模式；规定将“学练卷”作为课堂教学的载体，各备课组的教研重点落在出好“学练卷”上。每学期组织不同形式的课堂教学展示，校内“双优课”比赛、骨干教师献课、课堂教学大讨论、同课异构课堂等丰富的教学活动，致力研究“教师教什么、怎么教、教得怎么样”的问题，所有学科进行不同类型的“同课异构”，研究重点是学生的学习状态、学习能力的提高、学习潜力的挖掘；教师对教学目标的确定、教学内容的把握、教学过程的操作效果。每次课后进行有效的课例研究，教师充分发言，把自己的困惑、存在的问题进行交流，集集体的智慧加深对课堂教学的实践。“课改大课堂”活动，全体一线教师人人参与，学校鼓励教师打破思维定势，大胆地尝试，放开捆绑学生的枷锁，努力解放他们的手和嘴，还课堂以宽松、活泼的空间，引发学生积极动脑实践，还学生自主的生活，积极尝试实践，建构真正的效率课堂。

学校在推进分层教学时，深感教师在课堂上的操作水平参差不齐，于是就课堂教学中如何进行“分层教学”，学校组织了专题研究。

二、比较扬弃：同课异构课堂研究

如果说学科之间的差异是研究的一个障碍，那么同学科的研究应该更具可比性。在学校形成了研究课堂教学的整体氛围下，我们进一步调动学科组的团队竞争意识，号召每一个学科组主动进行“同课异构”的研究。即在整体建构和谐教学及分层教学思想的指导下开展的同学科、同内容、同学生的“三同”课堂上研究“不同”，尤其突出教学方法、教学环节、学法指导的效果。以实际效果来分析教学教法的源头操作，用学生的体会引发教师的思考，形成学科组的研究共识，就算是研究困惑，也是“成果”，鼓励每个学科之间形成“比赛”的格局，分学科打造效率课堂，形成学科模式和操作策略。学校领导按照日常教研备课的总要求，参与各组活动，形成常态研究。

三、跟踪改进：一课多上课堂研究

教师之间的差异是不能回避的事实，以目前的制度看，学校还不具备更实际的对教师的选择权利，所以，短板效应还提醒我们要有针对性。我们就在年轻、有主动发展愿望的教师中开展更深入的课堂研究，即对同一位教师所上的同一节内容进行多次跟踪研究。具体操作是：先由该教师自由备课，在自己任教的一个班里上课，同学科教师全程听课，课后及时评议；该教师根据意见修改后，在自己任教的另一个班上课，同学科教师再听再评议；该教师修改后再借班上课，学科组教师再听再评议；以此方式直至大家满意为止。这种研究方式不仅具体真切，也很好地发挥了学科教研的作用。它的带动、辐射作用在团队中效果极佳。语文组的王萍老师在讲《风筝》一课时，就经历了这样一个“漫长”的研究过程。在同组教师的帮助下，尝试、修改、再尝试……同一内容上了8次，细到每一个环节的衔接用语、板书的位置、激励调动学生的方法、媒体的背景和颜色等都逐一完善，并罗列出不同情境下的不同处理的选择，可以说是集学科组教师的集体智慧，研磨出语文自读课阅读教学的模式，全组教师都深感收获。不仅对于这类授新课有了模式蓝本，更可喜的是尝到了教研的甜头，收获了可推广的经验。

四、释疑解难：名师引路课堂研究

一所学校，教师再优秀也会有稍逊色的，同理，师资再不如意也有可培养或可挖掘可造就的“苗子”。为了使参赛和外派学习的教师更好地展示学习的效果，让未参加活动的老师也能分享到收获，学校请学习者回校后，谈自己在听课、上课、参与、经历方面的见闻感受，展示自己参赛的课例或内容，以典型教师引路的思路，使个人学习的财富变为大家的学习动力，使每一位教师都有所启发，这不仅对听者是一种推进，对其他教师而言也是一种提升。我们想，专家的价值在于探明规律、指引路径、示范方法、过程诊断、指导重建，如此，课改就会少走弯路。那么，名师的作用也在于此。也许他们还称不上“名师”，但敢于站在课改前沿，去尝试、去改变同样值得肯定。让看得见、感觉得到的身边的同事来引领、启发，也会收到事半功倍的效果。

五、万径归宗：随机常态课堂研究

教师专业化的基本环境蕴含在学校、课堂、师生的教育实践中，所以教师专业发展的有效性取决于学校的支持。今天的社会正朝着学习型社会方向发展，知识更新周期大大缩短，再加上远程教育和网络的发展，“弟子不必不如师，师不必贤于弟子”已成为现实。这就要求教师做学生学习的引导者，不仅有钻研专业知识的精神，领略前瞻的教学思想，还要涉猎社会自然百科，不自封，不自傲，终生学习。不能局限于传统意义上的教学行为，而是要以研究的态度去做，去实践。不仅要研究教学课程、教学策略，研究试题的针对性和训练量，更要研究学生，研究他们的心理、个性及转化矫正的方法。在研究性的教育实践中，提升自己的教育教学能力，获得娴熟的教学技术，形成适合自己个性特征的教学风格和模式。

对于每一位走进课堂面对学生的老师，更多时候是一种平平常常的状态，展示课、示范课可能与一些教师无缘，也可能机会很有限，即使是校内的“佼佼者”，更多的时间还要在日常的课堂中去研磨，所以，追求每一节常态课的高效率才是教师个人的“目标”，学校课程改革追求的“终极”，也是实现每位师生减负的关键。教师的个体差异决定了做到这一点很难，但学校始终在积极想办法。我校成立听评课小组，每天由教学部门出示“课讯”，按照课表随机点课，没有规律，但在随机普遍的基础上，遵循“三倾”原则，即倾向薄弱学科、倾向薄弱教师、倾向薄弱班级。每天教学领导依据个人专业，分头带领听课组成员进班听课，听课后检查上课教师的教案并作出评价，对上课情况进行等级量化，检查“学练卷”的落实效果，并及时与上课教师进行交流。常态课随机听的方式，目的是提醒所有教师都要认真对待每一节课，不论备课上课都必须做好随时随地接受学校检查的准备，不能有丝毫懈怠，养成认真对待每一节课的习惯。我校在以备课组为单位的基层研究集体中，将常态课的研究作为长期坚持的必研内容，随时反馈。

第六节 探索课堂教学的评价标准

课堂教学评价是教师教学效果评价的一个重要环节，对于指导教师实施课堂教学具有重要作用。改革课堂教学评价方法，是提高课堂教学有效性，实现高效教学的根本保证。根据新课程改革的要求，探索促进和激励学生发展的教学评价标准和方法。

一、评价一堂好课的两个主要指标

究竟什么样的课才算是一堂好课？不同的人有不同的评价标准，在不同的时期也有不同的评价标准。人们从不同的视角去审视和评价，也会得出不同的答案。我认为评价一堂课的好与不好，关键是要抓住学生能否得到发展和教师能否给学生的发展创造良好的条件这两个方面。

1．学生能否得到发展是评价一堂课好与不好的决定性指标

课堂教学的本质是让学生学会学习，根本目的在于促进学生的发展。所以，评价一堂课的好与不好，关键要看学生的学习是否有效、高效，是否促进了他们的发展。因此，学生在课堂教学中参与学习活动的兴趣、具体表现以及在学习活动后得到的结果，都是评价课堂教学成功与失败的关键要素。

好课应该是学生的参与程度高。一堂好课应该是所有的学生都积极主动地参与到课堂教学的各个环节中。也就是说，从参与课堂教学的广度来讲，所有的学生在课堂教学中的每一个环节都应该参与；从参与课堂教学的深度来讲，学生的参与应该是积极的、主动的，而不应该是消极的、被动的。应是学生在教师的引导下，能够养成良好的学习习惯、掌握科学的学习方法、自主建构知识的过程，形成独立获取知识、创造性地运用知识解决实际问题的能力。当然，在课堂教学中，要使学生积极主动地参与，教师就要努力为学生搭建自我展示的平台，提供自我表现的机会，创设主动参与的时间和空间，激发每一个学生的参与愿望，还学生以学习的自主权，使每一个学生在参与的过程中体验学习的快乐，获得心智的发展。

好课应该是学生的问题意识和质疑能力强。传统的课堂教学一般是教师提出问题，学生在教师的指导下经过思考、讨论解决问题，课堂教学的最终目的是解决问题。而现代教育理念认为：学习科学知识固然很重要，但形成科学态度、科学精神更重要。如果学生带着问题走进教室，又能带着更多的问题走出教室，那对培养学生怀疑的、批判的、探索的、创造的精神将是非常有益的。新课程改革要求教师并不以知识的传授为唯一目的，而是以激发学生的问题意识、加深问题的深度、探求解决问题的方法，特别是形成自己解决问题的独立见解为目的。所以，学生在课堂上能否主动地提出问题，能否发表对某个问题的不同意见和

独创性的见解，上完一堂课后能否再提出一些富有探究性的问题，能否再发现新的问题，将是我们评价一堂课成功与否的一个重要方面。

好课应该是学生的学习效果好。学生的学习效果不止体现在知识与技能方面，学习方法和学习习惯也是非常重要的。如果学生在知识、能力、方法、习惯等方面都学有所得，课堂的教学气氛和学生的学习气氛和谐，即师生关系和谐、生生关系和谐，师生互动、生生互动，能体现以人为本，学生总盼望着上课，那么这样的课肯定就是好课。

2. 教师能否创设学生发展的良好条件是评价一堂课好与不好的重要参考指标

课堂教学是教师的教和学生的学的共同活动。学生的学能否有效，与教师的教有很大关系。一堂好课应该是教学目标明确、教学重点突出、教学难点设置恰当、教学媒体使用得当等。但在新课程理念下，我们评价一堂课的好与不好更应该关注以下五个方面。

（1）好课能有效地落实三维教学目标。课堂教学的三维目标（知识与技能、过程与方法、情感态度与价值观）是相辅相成的，是一个问题的三个方面。因此，在落实这“三维”目标时必须注意这三者的有机交融、渗透，不能完成了一维目标再落实另一维目标，它们是联系在一起的。就像是一个物体，不可能只拿起“高”而不拿起“长和宽”一样。知识是基础，是依托，是载体，是推动学生发展的双翅。学生在学习具体知识、形成一定技能的同时，必然要经历一定的过程，采用一定的方法，进而形成学习的初步能力，学会“学习”。在学习的过程中必然要伴随一定的情感和态度，总会有一定的价值取向。教师在教学过程中一定要进行正确的引导，引导学生具有社会责任感、正确的生活态度和做人态度以及科学的世界观、人生观、价值观。

（2）好课能关注学生的个体差异，使每个学生都能得到充分的发展。教师应该尊重学生的人格，关注学生的个体差异，满足不同学生的学习需要，创设能引导学生主动参与的教育环境，激发学生的学习积极性，培养学生掌握和运用知识的态度和能力，使每个学生都能得到充分的发展。在课堂教学中要承认学生之间的差异性，让每个学生在原有基础上、在不同起点上获得最优发展；承认学生发展的独特性，捕捉他们身上的闪光点，发现他们潜在的优势，让每个学生形成独特而鲜明的个性。如课堂教学中问题的设计、习题的选择、合作小组成员的组合以及作业的布置等各个环节，都要充分考虑到各个层次的学生，不要让课堂被小部分学生所控制。在同一个教室里，学生是存在差异的，教师应该根据学生的具体情况为他们创造适合其表现的机会，不要使课堂教学中的某个环节或教室的某个角落出现盲区。

（3）好课能创设情景，培养学生的自主探究能力。一堂好课不在于教师给了学生多少知识，而在于培养学生的创新思维、创新意识、创新精神。新课程要求教师在课堂教学中让学生感受、理解知识形成和发展的过程，培养学生的科学精神和创新思维习惯，培养学生探究问题的能力。所以，教师在课堂教学中要善于将科学探究的手段引入课堂，让学生在教师的指导下进行自主探究活动，在学习过程中充分“体验和经历”。

（4）好课能依据教学内容拓展课程资源。新课程倡导教师用教科书教而不是教教科书。也就是说，教科书只是一个范本，教科书上有的例子不一定都在课堂上用到。教师在课堂教学中应该根据课程标准的要求，关注学生的学习兴趣和经验，依据学生的实际水平和认知规律，有意识地拓展课程资源，加强课程内容与学生生活以及现代社会和科技发展的联系，注重开发和利用学生生活经验及学习经验中的教育资源，将教学内容设计为从社会、从生活走进教科书，再由教科书走向社会、走向生活，以此增强学生的情感体验，使教学过程充满情趣和活力，这样学生对学习就会有兴趣，就愿意学习。

（5）好课能有效地指导学生进行自我反思、自我评价。教学反思是提高教师专业化水平的有效措施，新课程要求教师要主动地进行教学反思。教师在教学中也要有效地引导学生通过反思提高自学的能力，提高建构知识系统的能力。在教学中，教师要引导学生思考：对这个问题我是怎么想的，我为什么这样想，为什么做出这样的选择，所选择的解题途径是否最佳，是否还有更好的解题途径，这些知识（或问题）之间有何联系等。这样做，可以培养学生反思的意识和习惯，有利于提高学生的学习能力。

二、教师课堂讲授时间不可“一刀切”

作为学校管理者，对教师上课时的讲授时间做出硬性规定，其出发点大多是为了充分发挥学生的主体作用，力求解决教师上课时满堂灌，教师讲得多、学生活动少的现状。而实际上对教师上课时的讲授时间做出硬性规定，不但达不到此目的，反而还会丢了西瓜去捡芝麻。此法真正落实起来难度很大，其实际效果也很难达到。

1．教师上课时的讲授时间难以准确测量

无论是授课的教师还是听评课的教师都无法准确计算课堂上授课教师讲授的具体时间。我曾从事过教研员的工作，听评课是一项常规的工作。当时，为了强化教师在课堂上树立学生的主体意识的理念，实现学生“主宰”课堂的目的，在评课时也曾对教师的讲授时间做出过明确规定，也想以此为依据作为评价一堂课学生参与程度高低的一个量化指标，但实际操作起来难度非常大。因为，在课堂上除了教师单纯讲授时用的时间，学生自主探究、实验操作训练等，教师都要进行必要的引导讲解，这些时间也应计算为教师讲授的时间，可这些时间计算起来谈何容易？试想，如果一位教师上课时总在想着我的讲授时间是否超出了学校规定的讲授时间，他能全身心地投入到课堂教学的情境之中吗？如果听评课的教师把注意力分散在了记录授课教师讲授所用的时间上，他也不可能全身心地研究授课人的课堂教学设计意图，教师讲解和学生活动体现出的教育理念，教师运用的教学方法和教学手段是否得当，等等。另外，课堂教学中会有很多偶发事件发生，有的教学环节在课堂上的实施会与我们课前的预设有很大的差异。在课堂教学中我们的教师也会产生很多教学机智，所以课堂上教师讲授的时间也很难准确把握。因此，硬性规定教师在课堂上的讲授时间，不但很难实现，而且也会抑制教师教学机智的发挥。有的学校在评课时以一堂课讲授时间的多少来评价一堂课的好坏，甚至规定教师讲授的时间超出了规定的时间就不能评为优秀课，那就更是走向极端了。

2．课堂教学质量的好坏与教师讲授的时间不成比例

课堂教学的本质是教学生学会学习，掌握终身学习必备的基础知识和基本技能，根本目的是为了促进学生的全面发展。所以，课堂教学质量的好坏应该以是否促进了学生的全面发展为依据，不能简单地以课堂上教师讲授时间的多少来评价。课堂教学质量的好坏最终应由学生来评判，如果学生特别愿意上这位老师的课，上他的课都不愿意下课，不上他的课都感到很后悔很遗憾，那么，这样的课就应该是一堂好课。因为，学生愿意上这位老师的课，学生在课堂上的参与程度肯定就高、学习兴趣肯定浓厚、师生关系肯定和谐，这样的课教学效果也肯定会好。上课时教师讲授的时间短，并不能说明学生的参与程度就高，自主学习的效果就好；相反，上课时教师讲授的时间长，也不能片面地认为学生的参与程度就低，学习效果就差。至于课堂上教师讲授的时间长短，要依据教材内容的难易、学校硬件水平的高低、学生的基础和教师的素质等多种因素综合确定。如果教材的内容比较简单、与学生的生活实际联系比较密切，学生的感性认识比较丰富，学生通过阅读教材就能学会，那么教师在课堂上就完全可以不讲，通过学生的自学，学生之间的相互讨论来解决课堂教学要达到的目标；如果教材的内容难度一般，教师可设计一些引导性的问题帮助学生自学，学生按照问题进行自学、讨论，教师再根据学生自学讨论中暴露出的问题进行有针对性的讲解；对于教材比较抽象的、难度比较大的内容，教师讲的就要多一些。另外，如果学生的基础较好，自学能力强，教师就可以少讲些；如果学生的基础较差，教师引导讲解的就要多一些；此外，如果学校的硬件设施好，对某些问题就可以通过多媒体的手段来解决，以减少教师讲解的时间。其实，在同一堂课上，根据不同层次的学生教师讲授的时间也应该有所区别。所以，只要教师树立了以学生为主体、教师为主导的意识，至于教师在课堂上讲授时间的多少，则完全可以由教师自己决定，学校不能不顾客观实际生硬地规定。

3. 追求课堂教学的高效应该通过提升教师的教育理念来实现

课堂教学能否实现高效，其关键在于教师专业化素养的高低。实现课堂的高效需要教师有先进的教育理念，要心中有法、目中有人，要能关注学生的个体差异，需要具备一定的教育学和心理学的知识。试想，如果教师不具备先进的教育理念，对以教师为主导、学生为主体的观念认识不深刻，单单凭规定上课时教师讲授的时间能提高课堂教学效率吗？比如，全国各地不少学校都在学习江苏的洋思中学、山东的杜郎口中学，可他们真正学到了吗？可以肯定地说，没有真正学到。为什么没有真正学到？因为，他们没有学到这些学校的课堂教学改革的实质，没有学到其精髓的东西，只是照搬照抄一些直观的形式上的东西，所以就会出现很多杂乱无章、对教师上课讲解与学生活动的时间做出各种不同比例规定的各式各样的教学模式，甚至导致课堂教学的评价标准都走向了极端。原洋思中学蔡林森校长退休后到了一所新的学校后，新的洋思中学的教学模式又逐步形成了，这是为什么？我想，这是蔡林森校长的教育思想在发生作用，是抓住了问题的实质。江苏洋思中学对课堂教学的时间作出规定，要求教师课堂上讲授的时间不能超过多少分钟，这不是学校领导单方面的行为，也不是一蹴而就的，他们的课堂教学改革模式是经过多年的探索不断形成的，是教师们的教育理念在不断地发生变化、学生的学习能力也不断地提高下才提出的，可以说是教师们真正树立了学生的主体地位后的自觉自愿的行为。如果我们的学生自学能力比较差，教师的教育理念滞后，就生硬地提出在课堂上讲授的时间不能超过多少分钟，不但达不到我们预期的目的，反而会起反作用，使我们的课堂教学效果更差。所以，我们应该在提升教师的教育理念上下功夫，要通过专家引领、同伴互助、个人反思等多种形式提高教师的专业素养，教师具备了先进的教育理念，树立了学生的主体意识，至于课堂上讲几分钟，教师们会根据教材的内容、学生的学习能力做出适当的决定，而不用非得学校规定讲多少时间。

第八章

自主发展策略

教师是教育事业的根本，是教育事业的元气，教育事业最根本的工作是要促进教师的专业发展。学校要实现长期教学有效性，就要重视教师间的资源共享，打造一个坚强的校本教研共同体作为教学资源的保证。这其中，教师的自主意愿至关重要。学校一贯强调，选择教师就意味着选择了奉献、选择了不断学习，读书是最好的教育，培训是最大的福利。做一名教师就应该潜心钻研教学，研究教育，钻研学问。教师的专业水准提高了，教学水平自然会得到提高。学校主要开展了以下重点工作助推教师自主发展。

第一节 指导教师做好规划

校长发挥管理和领导职能，就是要在关键的时刻、关键问题上采取措施，抓实、抓牢。提高教学质量是现代教育教学的核心和根本。校长的一切工作都是在围绕着教育教学质量的提高而进行。在这些工作中，指导教师制订学期教学计划是其中重要的一环。

一般来讲，每到新学期开始，学校都会要求教师制订学期工作规划（或学期工作计划），甚至有的学校在上一学期期末就给教师布置了假期作业，要求教师在假期中制订下一学期的工作规划。学校进行这项工作可谓是用心良苦，其目的就是要督促教师更好地规划一个学期的工作，促进教师的专业发展。可实际上，究竟有多少位教师能够用心地撰写这个规划呢？另外，教师们把写好的学期工作规划交到学校的有关管理部门后，学校领导又能审阅指导多少份规划呢？此外，我们的上级督导评估部门在检查学校工作时，又有多少人能认真阅读教师的工作规划呢？久而久之，学校的这个工作就流于形式了，老师们写的规划也不过是学校档案里的一些素材，不过是学校应对上级检查的一些档案材料。实际上，作为一个学校要制订三至五年的学校发展规划，每个学年度或每个年度也要制订规划，甚至每个学期、每个月，乃至每一周都要制订规划。可见，规划在学校发展中的作用是至关重要的。然而，学校规划最终要依靠教师来完成，如果教师们能够根据学校的发展规划恰当认真地规划自己的工作，那么工作效率工作效果就会大大提高；相反，如果教师们只是被动地接受学校安排的任务，其工作效果就不会好，学校的规划也不会高质量地完成。可见，教师制订的规划直接影响着学校规划的完成。所以，从提高教育教学质量的高度着眼，校长必须重视教师学期教学规划的制订工作。

一、引导教师做好自我评价

教师做好自我评价是制订好个人发展规划的前提。自我评价包括对自己目前的基本现状的分析，如学历情况、职称情况、课堂教学能力、教育学生的能力、教育科研的能力以及从事班主任工作的能力和处理各种人际关系的能力等。对这些问题，教师都要逐一分析自己的主要优势和存在的主要问题。忽视了对这些问题的分析，就很可能使制订出的规划不切合自身发展的实际，使规划成了无源之水，无本之木。在制订规划前，必须要充分考虑自己现有的发展层次，要力求在原有的发展水平上继续得到发展，要在继承中求得发展。要注意引导教师对所处的环境因素进行透彻分析，如上级教育行政部门的工作重点是什么，学校的工作重点是什么，要综合这些因素，定位自己的发展层次，使自己的发展与学校的发展捆绑在一起。引导教师正确地做好自我评价，可通过和学校的一些干部、不同层面的教师代表进行交流，从中了解他们对自己的评价；还可以从社会的公信度、社会的反映、学生及家长的反映来获取对自己评价的信息，找出存在的问题；还可以从学校对自己的考核结果，从一些直观的数据中了解自己在学校全体教师中的位置，等等。教师只有对自己的情况了如指掌，对所处的教育环境认识清晰，制订出的规划才能切合实际，才能有利于推动工作。

二、引导教师做好目标的设定

教师应该明确自己应该向哪个方向发展，清楚自己三年后要达到什么水平，五年后要达到什么水平，要达到这样的水平，每年、每学期都应该完成什么样的具体任务，应该从哪些方面做出努力。如果教师缺乏终点思考的思维品质，不清楚自己三年后、五年后要达到什么样的水平，只是疲于“应对”，那么自己的专业就很难得到真正的发展。教师在给自己设定目标时要遵循以下几个基本原则：

可行性原则。制订的学期规划不是单纯给别人看的，更不能是为了应付一些领导的检查，制订规划主要的还是为了使工作有目的、有方向。所以，制订的规划一定既要适应形势发展的要求，又要切合学校发展的实际，更要符合自身的专业发展要求，不能只图形式上的新颖，要实用可行。

挑战性原则。学期发展规划不能伸手可及，应该蹦一蹦跳一跳，经过一定的努力才能达到。只有具有挑战性的规划才能激发教师的潜能，才能使教师的工作更上一层楼，也才能使教师自身的素质得到提升。如果制订的规划中的各项目标都很低，就不会激发自己的斗志，即使所有的目标都实现了，工作也不会有任何提升，自身的专业发展也不会得到提高。

清晰性原则。学期发展规划应该目标明确，内容具体，这样才能有利于规划的有效落实，也才能发挥规划在指导实际工作中的作用，也便于规划的评估和反馈。如果规划中的内容都很模糊，就不便于规划的落实。

适应性原则。学期发展规划中制订的目标和措施应该具有一定的弹性，不能太死板，因为有些目标的实现不以我们的意志为转移，有很多客观条件难以控制。

持续性原则。学期发展规划中制订的目标应该具有一定的连续性，因为教师的专业发展需要一个过程，制订的学期发展规划只是教师自身专业发展规划中一个非常短的规划，所以设定的目标要和教师三到五年的专业发展规划结合起来。

三、引导教师做好实现目标的行动计划

目标确定后，要对完成目标的措施进行充分的论证，也就是说如何才能保证各类目标的实现。这样做的目的就是进一步强化目标达成的意识。因为目标制订出来后，绝不是给别人看的，而是引领提升工作质量的一个方向盘。如果没有切实可行的措施予以保证，制订的目标就很难实现。所以，为了保证目标的实现，一定要拿出具体的行动方式、具体的措施，如培训、学习、科研和实践等等。必须正确地分析实现目标存在的困难，同时，也要指出希望学校提供的条件。另外，要引导教师注意学期发展规划实施一定时间后的评估和反馈工作，做好自我反思和自我调整。制订的规划要有利于评估和反馈，能量化的尽量量化，不能量化的尽量要有一定的素材供评价时参考。

第二节　教师发展手册

学校以《教师发展手册》为载体，是抓教师队伍建设、挖掘教师内在潜能的一条有效途径。《教师发展手册》就是记录教师成长过程的显性资料，它帮助教师记载自己的成长足迹，激励教师奋发向上的工作热

情，完善教师职业素质结构，提高教师的教育教学能力，促进教师整体素质的发展，形成动态、纵向性评价，达到激励——反思——修身——提高——发展的目的。教师发展手册的内容包括：教师基本情况、三年规划发展目标。具体分为：

第一部分：教学情况记录（专题研究课、各类优秀课评比、各类教学讲座、教学论坛、教学成绩记录以及其他情况）。

第二部分：科研情况记录（论文论著获奖和出版、发表、交流情况，主持或参与科研课题过程记载）。

第三部分：教育情况（帮教工作计划、帮教活动方案、帮教工作总结及其他情况）。

第四部分：学习情况（学习目录、学习心得、我的教育故事）。

第五部分：评价资料（获奖情况和相应证书、评价表等）。

《教师发展手册》以电子版的形式由教师个人随时填写，把对教师“千分制”考核有效地结合起来，每个项目以学期为限，每到学期末上传指定邮箱，学校委派专职人员核验，并配合学期总结盘点每位教师的成绩，进行学期考评、量化、定等，促使教师注重教育教学过程。学校要求每位教师通过制订、修改和完善自己的发展规划，客观地分析和认识自己的发展现状，找到自己的发展方向和目标。

第三节　自主发展要求

学校将研究重心下移，以教研组为单位，开设教学研讨课和课题研究、教育行动研究，改变了教师的生存状态。对教师提出“五个一”和“四个二”的具体要求。即：每学期撰写1篇有深切感受的德育论文或教育案例；每学年主持或参与1项校级以上科研课题；每学年撰写1篇具有一定学术水平的教学研究论文；每学期做1节校级或以上研究课或专题讲座；每学年做1次校级或以上教材分析或参加1次读书论坛活动；每学期完成2篇以上有创意的课堂教学设计方案；每学期完成2篇以上2000字左右的教学反思；每学期编制2份以上高质量的单元检测试卷；每学期制作2节课以上的多媒体教学课件。

我校一直要求全体老师都要及时写出教学体会与反思，教学中我们大力开展以反思为主的课堂改革研究活动，以教学日记、教学案例为载体，引导教师积极开展教学反思，善于发现问题、研究问题、解决问题，树立“问题即课题，教育即研究，成长即成果”思想，要求做到“每天一反思、每周一案例、每月一小结”。

后 记

历经三年的课题研究，取得了一定的研究成果。研究结果表明，这一系列策略对于教师的专业化发展是切实可行的，也是卓有成效的。从而确认，课题研究假设是成立的，课题研究所预设的目的得到了兑现。在课题研究整个过程中，基本建成了一支具有较高素质的教师队伍。三年中，学校涌现出了天津市优秀教师、天津市优秀班主任、天津市师德先进个人、天津市教改积极分子、塘沽十佳教师、十佳班主任、师德标兵等一批教育教学方面的典型，有多位教师在全国和市区的各种基本功大赛和优质课评比中获奖，这些都为学校的可持续发展奠定了基础。教师自觉树立了终身学习的意识，做到了“工作学习化，学习工作化”。教师的科研意识、校园文化的创设、校本培训的模式都发生了前所未有的变化，落实了“师兴校荣生受益”。通过诸多例论，显而易见，我校教师队伍是在建设中健康发展，教师的专业化水平得到了显著的提高。

学校管理层进一步明确了如何依据学校的实际去抓教师的专业化发展，如何使全体教师提高专业化水平。但是，沉下心来做教育、办教育，还有很多值得反思之处：

1．教师的专业化发展是一个长期的永恒的研究课题。作为学校管理者，必须保持持之以恒的工作态度和信念，要根据情况的变化不断探索新的方法和策略。

2．教师的专业化发展既需要良好的氛围、良好的机制，更需要树立一批能经得起长期考验的优秀教师典型，正如同齐头并进的队伍有指挥、有旗手、有排头兵一样，让这些优秀教师的典型在教师的专业化发展过程中起到示范和引领作用。

3．静下心来教书，更需要静下心来读书，这样教师才能真正地走进教育世界。解决这个实质性的问题，学校必须要给教师创造更多的条件和更多的时间，让教师们静下心来思考有效教育的问题。

4．最能体现教师专业水平的是课堂教学。这是教育教学最实际的地方，是照亮学生的地方。让教师的人格魅力体现在课堂上是对学生最好的教育。学校管理者一定要认识到这一点，要有大的投入。

5．教师教书时要有自己的教育教学思想；健谈而又能写作，这是教师的基本功。当今我们的很多教师在这方面有一定的欠缺，需要补上这门功课。

6．一所学校的机构设置，不只限于管理层，还应该多元些。今后我们打算要切实发挥“学校学术团体”和“纳谏组”等组织机构的作用，这样会更利于学校的发展和教师的专业发展。

最后要感谢教育局领导对我校一直以来的支持，感谢家人的理解。在研究过程中巩艳华、王艳惠、孔维发、邵利芹、董建起等同仁付出了巨大努力，在此一并致谢！

潘怀林

2012年10月

参考文献

1.应湘，向祖强.教师专业发展与学生成长[M].广州：暨南大学出版社，2007.

2.程红艳，董英.新教师的专业发展[M].武汉：华中师范大学出版社，2011.

3.单中惠.教师专业发展的国际比较[M].北京：教育科学出版社，2010.

4.陈忠良.中小学教师专业成长必备技能集粹[M].杭州：浙江教育出版社，2005.

5.郑金洲.教师如何做研究[M].上海：华东师范大学出版社，2005.

6.邵光华.教师专业知识发展研究[M].杭州：浙江大学出版社，2011.

7.代蕊华.教师专业发展与校本培训[M].北京：教育科学出版社，2011.

8.周国韬.教师专业发展与校本行动研究[M].北京：中国轻工业出版社，2010.

9. 朱益明.校本教师发展论[M].天津：天津教育出版社，2006.

10.柯孔标.校本教研实践模式研究[M].杭州：浙江大学出版社，2008.

11.吴刚平.校本课程开发[M].成都：四川教育出版社，2002.

12.刘翠鸿.校本教研教师行动研究案例[M].北京：首都师范大学出版社，2005.

13.严先元.教师怎样做校本研究[M].北京：中国轻工业出版社，2007.

14. 罗炜，姜平，刘翠鸿. 校本教研教师行动研究案例[M]. 北京：首都师范大学出版社，2010.
15. 余文森，洪明. 校本研究九大要点[M]. 福州：福建教育出版社，2007.
16. 任登中. 校本培训研究与实践[M]. 重庆：西南师范大学出版社，2007.
17. 刘兴富，刘芳. 教师专业化发展的理论与实践[M]. 北京：光明日报出版社，2010.
18. 范亦铮. 教师专业化发展值得关注的五个问题[J]. 上海教育科研，2006（12）.
19. 骆志伟. 教师专业化发展的实践策略[J]. 教育导刊，2006（11）.
20. 刘定一. "教师专业化发展"的九个命题[J]. 全球教育展望，2004（3）.